日経文庫
NIKKEI BUNKO

ビジネス心理学 100本ノック

榎本博明

日本経済新聞出版社

まえがき

心理学というと、何だか理屈っぽくて小難しいのでは、と敬遠する人も少なくないようですが、じつは私たちの日々の生活に非常に密着したものなのです。

家族関係、友人関係、恋愛、学業成績、進路選択、性格、心の病理、自分らしさの探求、生きがいの探求など、私生活の悩みや迷いも心理学のテーマですが、ビジネスの世界も心理学で動いているのです。

どうしたら気難しい上司を納得させることができるか。どんなプレゼンが有効なのか。この商品を売り込むには、どんな戦略が有効か。自分はここでこのまま働いていてよいのだろうか。この報われない思いはどこからくるのだろう。部下のやる気を引き出すには、どうしたらよいのか。自分はどんなふうに能力開発をすべきなのだろう。組織のリスクマネジメントとして、どんなことを心がけたらよいのか。消費者の欲求に見合ったセールスは、どのように展開すべきなのか。あのややこしい顧客や同僚と、どうかかわったらよいのだろう。こういった悩みは、すべて心理学のテーマです。

ビジネスというのは、心で動く人間が心で動く人間を相手に行う営みです。その意味では、心の法則を読み解く心理学は、ビジネスのあらゆる局面にかかわってきます。

そこで、ビジネスに必須の心理学の知識をわかりやすくコンパクトにまとめることにしました。

本書は、職場の人間関係、営業、人事、キャリア形成、能力開発、セルフマネジメント、部下のマネジメント、組織運営、マーケティング、ややこしい人とのかかわりなど、ビジネスのあらゆる局面でヒントが得られるような構成になっています。さまざまなビジネスシーンで活かせる心理学の基礎知識について、正確な知識が得られるように配慮しつつも、ビジネスシーンに引きつけた実践的な解説により、今すぐビジネスに活かせるようになっています。

「モノの時代」から「心の時代」へと言われるようになったのは、もうずいぶん前のことです。モノが欠乏していた時代と違って、人々は心の充足を求めるようになったという意味で、心理学の有用性が浮上しました。

2000年代になって、心理学者カーネマンがノーベル経済学賞を受賞したのがきっかけとなり、行動経済学に注目が集まり、経済は感情で動くなどと言われ、再びビジネス界で心理学の必要性が叫ばれるようになりました。

そして今度はAIの時代が現実化しつつあり、データに基づく確率的な判断や論理的思考はAIの得意とするところであり、気分や感情、忍耐、やる気、立ち直る力、コミュニケーション、自己認知、他者認知、意味の創出など、理屈ではなかなか割り切れない部分が人間に残された最後の砦になるだろうということで、心理学の重要性がよりいっそう増してくるとみられています。

そんな時代ゆえに、心理学の知識を切り売りするセミナーやビジネス書もみられるようになりましたが、どれも正確な心理学の知見に基づくものではなく、心理学をかじった人の経験談といった感があります。そこで、ビジネス心理学の本格的な基礎知識を世の中に普及させる必要性を感じたわけです。

ビジネス心理学の基礎知識をわかりやすくコンパクトに解説するとともに、実践的なヒントも散りばめた、すべてのビジネスパーソン必読の書をまとめたい。そのような私の意向に賛同いただいた日本経済新聞出版社の平井修一さんと日経文庫編集長細谷和彦さんには、心から感謝の意を表します。

この本を手にされた方には、ぜひ本書の内容をマスターし、ビジネス心理学的思考という武器を手に入れていただきたいと思います。これまでとはひと味違ったビジネススタイルの確立に、本書が少しでも役立つことを願っています。

２０１８年８月

榎本　博明

ビジネス心理学　100本ノック――【目次】

第5章 [リーダーの心理学] 組織運営はどうしたらうまくいくのか —— 127

第6章 【説得の心理学】相手の納得を引き出す手法 157

第7章 [マーケティングの心理学] 買いたいココロをくすぐるには

第1章

[人間関係の心理学]

関係づくりは
ビジネスの基本

1 初頭効果 初対面の印象がとくに大事なのはなぜでしょう

○最初の印象がその後の関係性を方向づける

第一印象が大切などと言いますが、じっくり話せばきっとわかりあえる。そんなふうに思っていないでしょうか。その気持ちはわかりますが、人間の心理法則を知ると、どうもそう楽観するわけにはいかないようです。

ある実験が行われました。新しい講師に関する情報が記された紙を聴講生たちに講義が始まる直前に配布します。そこには経歴や評判が書かれていますが、紹介文は2種類用意されました。評判のところに「とても温かい」と記されているか「どちらかというと冷たい」と記されているかが異なるだけで、あとは経歴も評判もまったく同じ内容でした。どちらの紙が回ってきたかにより、教室にいる聴講生の半分は「温かい」が入った紹介文を読み、残りの半分は「冷たい」が入った紹介文を読んでから、新しい講師の講義を聴きました。

講義終了後に講師の印象についてのアンケート調査に答えてもらったところ、驚くべき結果が出たのです。同じ教室で同じ人物から同じ講義を受けたにもかかわらず、「温かい」が入った紹介文を読んだ人の方が、「冷たい」が入った紹介文を読んだ人よりも、講師に対して好印象を抱いており、とくに「他人を思いやる」「形式ばらない」「社交的」「人気がある」「ユーモアがある」などで大きな差がみられました。さらには、質疑応答への参加度をみても、「温かい」が入った紹介文を読んだ人の方が積極的に参加していました。

○自分がどんな印象を与えがちかを知っておく

このように、第一印象がその後も根強い影響力をもつことを初頭効果と言います。それは、その後のかかわり方を大きく方向づける力をもちます。たとえば、同じ言葉を投げかけられても、「温かい」人物という印象をもつ相手なら、言い方はきつくてもユーモアのある励ましの言葉と受け止めることができます。一方、「冷たい」人物といった印象をもつ相手だと、きつい、嫌味だなと反感を抱いたりします。思い当たることはありませんか。

しかも、いったん印象ができあがると、その後の言動は、その印象に沿った方向に解釈されるため、印象を修正するのは非常に難しくなります。だからこそ初対面でどんな印象を与えるかが重要になるのです。初対面の出会いを良いものにするためにも、自分がどんな印象を与えがちかをしっかりと踏まえて、誤解されそうな点があれば対策を立てておきましょう。

2 印象操作 話し方や服装にも気をつけていますか

○ちょっとしたことで印象は大きく左右される

取引先や顧客と交渉しているとき、相手に対してあなたは何らかの印象をもつはずです。その印象はどこからくるのでしょうか。ビジネス上の交渉をしているわけだから、話している内容が重要なのは当然ですが、あなたが抱く印象は、必ずしも相手の話す内容に起因するものではなく、相手の物腰や話し方によるところも大きいのではないでしょうか。落ち着いた話し方か、落ち着きのない話し方か。淡々とした話し方か、熱意のこもった話し方か。一方的な話し方か、相互性のある話し方か。聞き取りやすい話し方かどうか。誠意の感じられる話し方かどうか。

相手も同じです。あなたのちょっとした話し方のクセによって、相手が抱くあなたの印象が大きく左右されてしまうのです。どんな話し方の人に、自分はどんな印象をもつか。そこのところをじっくり振り返ることで、人と話すとき自分がどんな点に気をつければよいかが見えてくるでしょう。そこで行われるのが印象操作です。こういうふうに見られたいというイメージを意識して、自分の見せ方を調整することを指します。印象操作というと政治家のお家芸で、しょせん他人事と思っている人がいますが、じつはだれもが日常的にしていることなのです。

○服装に気をつけるのにも正当な理由がある

人は外見で判断してはいけない、というのはよく言われることです。大事なのは外見ではなく中身。それはだれもが納得することでしょう。でも、実際には私たちは無意識のうちに外見で人を判断しているようです。そのことはさまざまな心理学実験によって証明されています。

たとえば、歩行者用の信号が赤なのに横断歩道を渡り始めた人（サクラ）につられるかどうかを調べた実験があります。その際、サクラがきちんとした服装をしている場合とだらしない服装をしている場合を比較すると、明らかにきちんとした服装をしている場合の方が、多くの人がつられて信号を無視して渡り始めます。通りがかりの人に道を尋ねる実験でも、きちんとした服装の場合の方が、詳しく道順を教えてもらえました。

このような実験結果からも明らかなように、私たちは服装など外見によって、目の前の人が信用できる人物かどうかを判断しているのです。なぜかといえば、最初のうちは判断の手がかりが服装など外見しかないからです。仕事力など中身に自信がある人は、つい見た目を軽視しがちですが、人はまずは見た目で判断するということを肝に銘じておきましょう。

3 自己モニタリング 無意識のうちに見苦しい行動を取っていませんか

○心のモニターカメラが壊れている

日頃から成果を出しているならともかく、どちらかというとお荷物になっているのに、「できるアピール」をせずにいられない人。同僚が成果を出したりほめられたりすると、「たいしたことじゃない」「運がいいだけ」などとケチをつけずにいられない人。みんなでやったことなのに、いかにも自分がやったかのようにアピールする人。フェイスブックで「いいね！」をもらおうと必死になっている人。自分が得することばかり考えて、人の足を引っ張るようなことを平気でする人。そんな人を見て、「何だか見苦しいな」「なんであんなみっともないことができるんだろう」と不思議に思うことはありませんか。

なぜそんな見苦しいことを平気でできるのか。それは、本人は自分の見苦しさに気づいていないからです。気づいてしまったら、そんな見苦しいことはできません。自分の言動と周囲の反応を心のモニターカメラに映してチェックしながら自分の言動を調整することを、自己モニタリングといいます。周囲が呆れるようなことを平気で言ったりしたりする人は、自分の言動の適切さをチェックするためのモニターカメラが壊れているのです。

〇人のモニターカメラの性能の悪さは指摘せず、自分のモニターカメラの性能を上げる

「なるほど、モニターカメラが壊れてるから、あんなみっともないことを平気でしてしまうのか」と納得すると、ついその心理メカニズムを相手に伝えて、改善してもらおうと思ったりするものです。でも、お節介は禁物です。そんなことをすれば関係が悪化するのは目に見えています。人から自分の弱点を指摘されるのは、だれだって気分がよいものではありません。それが当たっていればいるほどムカつく。それが人間心理です。好意で教えてあげようとして、関係を悪化させるのでは、意味がありません。

自己モニタリングの心理メカニズムは、自分の言動が不適切なものにならないように活かすべきでしょう。ライバル的な人物が成果を出したりほめられたりすれば、妬ましい気持ちが湧いてくる。上司から評価されたくて、「できるアピール」をしたり、自分の貢献度を盛ってアピールしたりしたくなる。承認欲求に駆られて、フェイスブックで自分の活躍をひけらかしたくなる。そんなとき、自己モニタリングを意識すれば、見苦しい姿をさらさないですみます。周囲の反応を的確に察知できるように、モニターカメラの性能を向上させることを心がけましょう。

4 単純接触効果 営業が用もないのに顔を出す理由を説明できますか

○接触すればするほど好意的感情が湧く

営業の基本は、取引先にしょっちゅう顔を出すことだと言われます。でも、相手だって忙しいし、用もないのに訪問するのは迷惑だろうと、つい遠慮してしまいがちです。あなたはどう思いますか。

このことを考えるにあたって参考になる心理学実験が多数行われています。たとえば、12人の男性の顔写真のスライドを映写した後、再度順に映写しながら魅力度を評定してもらうという実験が行われました。その際、1回、10回、25回などと映写回数に差をつけました。その結果、映写回数が多いほど魅力度が高くなることが示されました。写真によって好感度の高いものとそうでないものがあるはずなので、同じ写真の映写回数を変えて追加実験したところ、同じ顔写真でも映写回数が多い方が魅力度が高まることがわかりました。

ストッキングの架空のブランド名を用いた実験もあります。4つの架空の新ブランドを紹介する際に、1回、4回、7回、10回と映写回数に差をつけ、最後に好きなブランドのストッキングを持ち帰らせます。じつは中身は皆同じで、ブランド名を変えてあるだけでした。その結果、映写回数の多いブランドほど選ばれることが示されました。

このように、ただ単に接触頻度が高いというだけで魅力が増すことを単純接触効果と言いますが、その絶大な効果は、多くの心理学実験により証明されています。

○さらっと挨拶するだけでも好感度は上昇していく

この単純接触の効果は、ＣＭなどでも利用されています。テレビＣＭや新聞広告、電車内の広告などでよく目にするブランド名が心に刻まれ、店頭でそれを目にしたとき、つい買ってしまう、というようなことが実際に起こるのです。

やり手の営業担当者が用もないのに顔を出す理由がわかったでしょう。しょっちゅう顔見せすることで単純接触効果が働くことを狙っているのです。ただし、相手も忙しいのにむやみに顔を出すのは迷惑だろうという懸念は当たっています。そこで大切なのは、頻繁に顔を出すにしても、とくに用事がない場合は、仕事の邪魔にならないように、サラッと挨拶するにとどめることです。実験でも証明されているように、ただちょっと接触するだけでも好感度が増すのが単純接触効果ですから、長居をしなくてもその効果は期待できます。

5 認知的バランス理論

同郷・同窓と聞くと、つい気を許してしまうのはなぜでしょう

○3つの符号の積が「＋」になるように人間関係は動く

人間関係の動きを説明する面白い心理学理論に認知的バランス理論というものがあります。それは、左ページの図のＰ－Ｏ－Ｘの3者間の符号を掛け合わせて「＋」になるように人間関係が動く、というものですが、これがけっこう現実の人間関係にあてはまるのです。

たとえば、Ｘを共通の同僚としましょう。ＰとＯは仲が良く、ＰがＸに好意的なのにＯがＸを嫌っている場合、3つの積は「－」となります。そこで、これを「＋」にすべく、ＰはＸが好ましい人物であることをＯに説き、Ｏが納得してＸに好意的になれば、3つの積は「＋」になり、三者関係は落ち着きます。逆に、ＯがＰを説得してＸに不信感をもたせても、3つの積は「＋」になって、三者関係は落ち着きます。どちらも自分の見解を譲らないときは、ＰとＯが決裂することで、3つの積は「＋」となります。

ハイダーの認知的バランス理論

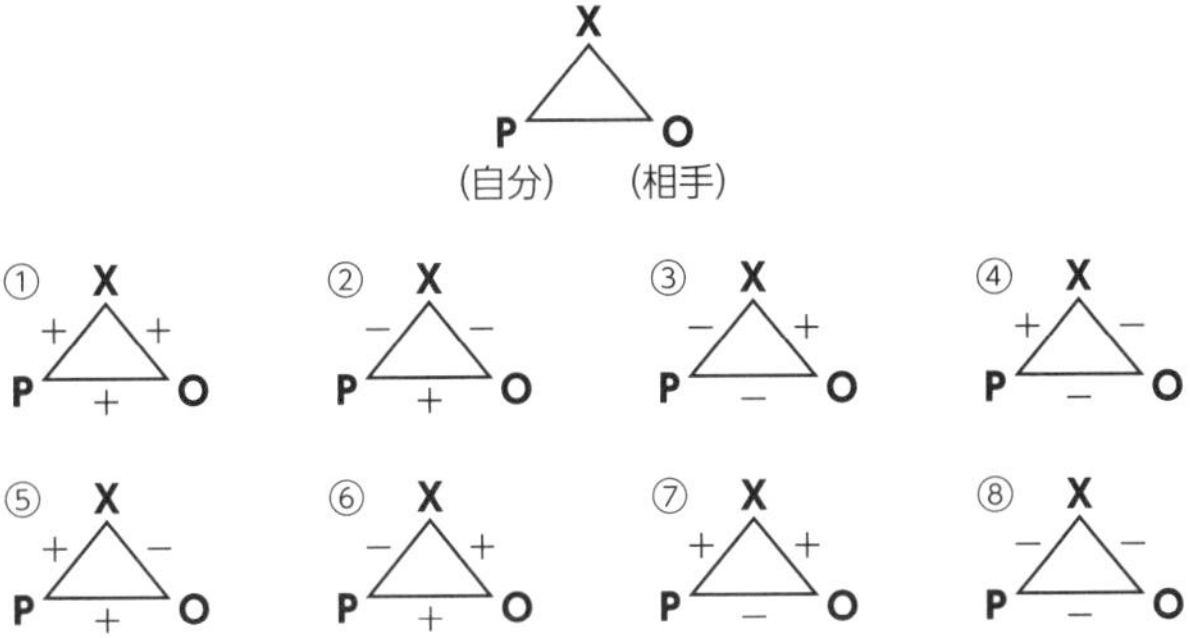

●Ｘには、人物のほかにも、故郷、出身校、趣味、ひいきのチームやアイドルなどが入る

Ｘに故郷や出身校を入れれば、同郷や同窓だとわかると、つい気を許してしまう心理が説明できます。ＰとＸ、ＯとＸの関係が「＋」であるため、積が「＋」になるようにＰとＯの関係が「＋」に、つまり良好になるのです。Ｘにゴルフを入れたり、阪神タイガースを入れたりすれば、ゴルフを趣味にする人同士や阪神ファン同士がお互いに好意的になる心理も、認知的バランス理論の図式によって説明がつきます。

ここから言えるのは、共通点があるだけで好意的感情が湧いてくるということです。人間は気持ちで動く生き物ですから、好意的な関係を築くことがビジネスに繋がっていきます。ゆえに、ビジネスをうまく進めるには、相手との共通点を見つけることがポイントとなります。

6 情緒的コミュニケーション

ロジカル思考だけで物事を進めようとしていませんか

○ロジカル思考だけでは物事は進まない

2002年に心理学者カーネマンが心理学を応用した行動経済学でノーベル経済学賞を受賞して以来、人間は必ずしも合理的に行動するわけではない、経済は感情で動く、などと言われるようになりました。しかし、心理学の世界では、人間が気持ちで動くというのは昔から当たり前の前提となっています。だからこそ、人間関係を良好に保つには、気持ちをつなげるコミュニケーションが大事になります。

一般的には、何らかの目的を達成するための道具的コミュニケーションと自分の思いを伝える表出的コミュニケーションの2つに、コミュニケーションを分けますが、私は理屈や情報を伝える論理的コミュニケーションと気持ちをつなげる情緒的コミュニケーションに分けています。ビジネス上の人間関係では、ロジカルシンキングの必要性が強調されるし、商品を売り込むにも、何らかの提案をするにも、論理的コミュニケーションによって言いたいことをロジカルに伝えなければなりません。でも、ビジネス交渉に強い人は、ロジカル思考だけでは交渉事がうまく進まないことを心得ています。そこで威力を発揮するのが情緒的コミュニケーションです。

○人は気持ちで動くもの

社内の会議で自分のアイデアをまとめて提案をしたところ、その弱点を指摘され、もうちょっと工夫する余地があるのではないかといった意見が出たとします。その発言者が日頃から良好な関係の相手なら、素直に「なるほど」と納得し、アイデアを練り直そうと思うでしょうが、関係が悪い場合は、屈服するのは悔しいといった思いが先に立ち、反論できそうな理屈を必死になって探そうとするはずです。結局、会議の議論でさえも、ロジカル思考だけで進むわけではなく、気持ちが通い合うかどうかが重要になってくるのです。こちらの論理を素直に受け止めてもらえるかどうかも、気持ちが通い合っているかどうかにかかっているわけです。だからこそ日頃から気持ちをつなげるための情緒的コミュニケーションが欠かせません。

情緒的コミュニケーションとしては、こちらの言いたいことを伝えるだけでなく、相手の思いを引き出し、気持ちをスッキリさせてあげることを心がける必要があります。そのために有効なのが、つぎの項目で紹介する積極的傾聴です。

7 積極的傾聴 「聞く」と「聴く」の違いを説明できますか

○相手をわかりたいという気持ちが「聴く」の基本

私の恩師の佐治守夫先生は、ロジャーズ流のカウンセリングの日本での拠点を築いていましたが、「聞く」と「聴く」をつぎのように区別し、「聴く」ことの重要性を強調しています。

「私はあえて『聴く』という言葉を使いたいのは、『聞く』のとちがって、ここには『聴く』ほうの人に、全く積極的な、相手をわかろうとする働きかけがあることを言いたいからである。相手の内面的な世界、相手の人間性そのもの、相手のそのときの深い全存在につながる気持やその他もろもろの、言葉や筆では表現できないものを、私はできるだけ敏感に、そして相手が意味するままにうけとりたいと思う」（佐治守夫『カウンセリング入門』国土社）

「聞く」というのは、雑音が聞こえる、騒音が聞こえる、隣の家の物音が聞こえてうるさいなどといった言い方からわかるように、自然に聞こえてくる場合に用いられます。それに対して、「聴く」というのは、コンサートを聴く、講演を聴く、聴診器を当てるなどといった言い方からして、自然に聞こえてくるという感じの気の抜けた姿勢ではなく、意識を集中して聴こうとする場合に用いられます。つまり、「聞く」が受動的な姿勢なのに対して、「聴く」は能動的な姿勢を指します。

○積極的傾聴のポイント

このようなカウンセリングの心得や技法が一般のコミュニケーションにも応用されるようになり、近頃ではビジネスの場でも積極的傾聴という言葉が使われ、そのスキルを身につけるためのコミュニケーション研修まで行われるようになってきました。それだけビジネスでも人と心を通い合わせる情緒的コミュニケーションが強く求められているということなのでしょう。

そこで、積極的傾聴の８つのポイントを示すことにします。ただし、スキルとして、うわべだけを真似ようとすると失敗します。ほんとうに関心をもって聴いてくれているかどうかは、雰囲気として自然に伝わるものです。相手をほんとうにわかりたいという気持ちをもつことが基本です。

①相手の言葉にしっかり耳を傾ける　②相手の言葉を遮らない
③自分より多く相手にしゃべらせる　④言葉に込められた思いを汲み取ろうとする
⑤共感的に聴く　⑥相手の言うことを頭ごなしに否定しない
⑦相手に関心を向ける　⑧答えやすい質問をする

8 空間行動 座席のとり方にも気を配っていますか

○対人距離のとり方によって関係性は左右される

とくに親しい人とは近い距離を取るけれども、それほど親しくない人とはそれなりに距離を置くというように、相手との関係性によって距離のとり方が違ってくるのは当然のことですが、ふだんはあまり意識しないものです。混み合った電車内のように、まったく知らない人と不自然に密着した距離を取らざるを得ないときなどに、対人距離が改めて意識されることになります。

距離のとり方や座席のとり方などの空間行動は、相手との関係性によって決まってくる面もありますが、本人の意向や性格を反映している面もあります。たとえば、長方形のテーブルを囲んで集団で話し合う場面で、短い一辺に座るリーダーは課題中心のリーダーシップを取り、長い一辺の中央に座るリーダーは人間関係を重視するリーダーシップを取ることがわかっています。テーブルの角に座る人は話し合いに積極的に参加したくない人だということもわかっています。

2人で話す場合も、協力し合う場面や親しい間柄では横並びに座ったり角を挟んで座ったりすることが多く、対立場面では向き合って座ることが多いなど、関係性によって座席の選び方が違ってきます。ゆえに、座席のとり方から2人の関係性をある程度は予測することもできます。

○空間行動の心理法則を逆用する

こうした空間行動の心理法則を利用して、距離のとり方や座席のとり方を操作することで強引に心理的距離を縮める手法を用いることもあります。たとえば、対面から角を挟む席に移動するのも、協力関係を強化したいときに取られる手法です。商談を進めるにあたって、まずは心理的距離を縮めておきたいというときに、カウンター席の店を選ぶというのも、そうした手法の典型です。カウンター席を選ぶことで、まだあまり心理的距離が縮まっていない相手とも親密な関係性にふさわしい非常に近い距離、肘や肩が触れ合うような距離を取ることになります。それによって心理的に近いような錯覚を起こさせるわけです。デートをするカップルにカウンター席を勧める店も、2人の心理的距離がより縮まるように協力していることになります。

ただし、ビジネス上の関係の場合は、まずは対面で交渉をしたり打ち合わせをしたりするのが基本ですから、強引に距離を縮めようとするのは避けましょう。かえって心理的抵抗に合いかねません。ある程度距離が縮まったところで、さらに縮めたいときにごく自然に近い距離を取れるように座席を利用するのです。

9 自己呈示としての謝罪 そもそも謝罪は何のためにするのでしょうか

○自分の責任ではないのに謝らなくてはいけないとき

「自分は悪くないのに」「私のせいじゃないんだけどな」「なんで謝らなきゃいけないんだ」などと思いながら、上司や取引先、顧客などに謝罪する場面があるものです。あなたもそのような経験があるのではないでしょうか。ほんとうは自分が悪いと思っていないのに仕方なく謝罪する。それが自己呈示としての謝罪です。いわゆる印象操作の一種です。謝罪がすべて自己呈示だというのではありません。ほんとうに自分が悪いと思って謝罪するのはふつうの謝罪です。自己呈示としての謝罪は、ビジネスの場にはつきものです。

お客の勘違いなのに、そうは言えずに「申し訳ございません」と言わなければならない。横暴と思える取引先のクレームにも、キレたりせずに、「大変申し訳ありません」と頭を下げなければならない。理不尽な上司の叱責にも、反論したい気持ちを抑えて、「すみません」と口にしなければならない。そのようなことはだれもが経験しているはずです。

謝罪に対して、「なんだ、その謝り方は！」と相手がいきり立っている場面に遭遇することがありますが、それは表面上謝罪はするものの、心の中では自分は悪くないと思っているため、つい仏頂面になったり、誠意のこもらない言い方になったりしているからです。でも、それでは嫌な思いをしながらわざわざ納得のいかない謝罪をする意味がありません。

○好印象にもっていくのが目的のはず

なぜ悪くないのに謝罪するのでしょうか。それは、相手との間に良好な関係を維持するためです。そのために、少しでもこちらの印象を好ましいものにすべく行うのが自己呈示としての謝罪です。だれだって自分が悪くないのに謝るのは気分の悪いものです。心から納得できないと、つい投げやりな態度が出てしまいがちです。そこで大切なのが、謝罪する目的をはっきりと意識することです。自分が悪くないのに謝罪する意味を強く意識すれば、自己呈示としての謝罪も納得してできるようになるはずです。

自分のせいじゃないといって自分を正当化したい思いはあるでしょうが、それを言ったら相手との関係はこじれてしまい、良いことは何もありません。大事なのは誠意を示すことです。それで関係が改善でき、良好な関係を維持できるのであれば、大成功と考えましょう。海外ではうっかり謝罪はできませんが、日本社会では伝統的に謝罪が人間関係の潤滑油になっているのです。

10 選択的知覚・選択的記憶

コミュニケーション・ギャップはなぜ生じるのでしょう

○身近に溢れるコミュニケーション・ギャップ

上司から「なぜ言った通りにやらないんだ！」と怒鳴られたのだが、そんなこと言われた覚えがない。逆に、上司の指示通りにやったのに、「なぜこんなやり方をしたんだ！」と文句を言われる。取引先から「納期は昨日だったはずですが、どうなってますか？」と問い合わせがあったが、打ち合わせメモを見ても今週末までに納入することになっている。先方から今日来るようにと呼び出されたから訪問したのに、「今日は忙しくて時間が取れません。明日と言ったはずですが」と言われる。このようなことがあると、「あの人の頭の中はいったいどうなってるんだ？」と疑いたくなるものです。

ビジネスの場にかぎらず、家族など身近な人間関係でも、「今度の日曜は家族でドライブに行くことになってたじゃない！」「そんなこと言ってないよ。お得意さんとゴルフがあるから無理だよ」といった具合に、「聞いた」「言ってない」とか「言った」「聞いてない」といったスレ違いは、だれもが日常的に経験しているはずです。きっとあなたも日々の出来事を振り返れば、そうしたスレ違いの事例をいくつも思い出すことができるのではないでしょうか。

○だれもが自分に都合よく知覚し、記憶している

なぜこうしたスレ違いがしょっちゅう起こるのでしょうか。そこには私たち人間の自己中心的性格が絡んでいます。じつは、だれもが自分に都合よくものごとを知覚し（選択的知覚）、自分に都合よくものごとを記憶している（選択的記憶）のです。

たとえば、納期を決めたとしても、早く手に入れたいと思っている側は、もっと早い納期だったような気がしてきます。納期がきついと思っている側は、もっと遅い納期だったような気がしてきます。そこにスレ違いが生じるのです。「これから来てくれませんか」と言った時点では今日来てほしいと思っていたはずなのに、その後急用ができて忙しくなると、明日来るように言ったような気になってしまう。あるいは、明日来るように言われたのに、訪問したい気がはやって今日来るように言われたような気がしてくる。そこにスレ違いが起こるのです。

このように記憶は都合よく変容するため、コミュニケーション・ギャップを防ぐには、メールなどを使ってその都度確認し、記憶を共有しておくことが不可欠です。

11 コンテクスト度 日本人はなぜはっきりものを言わないのでしょうか

○はっきり言葉に出さないのは気持ちが通じ合う間柄だから

誤解を避け、意思の疎通を良くするためには、何でもはっきり言葉にして伝えるのがよいというのは、ビジネスの基本としてしばしば言われることです。でも、はっきり断るのは失礼だし、気まずいため、遠回しな言い方でやんわりと断る、あるいはこちらの意向を察してもらおうとする、というのもよくあることです。何でもはっきり言えばいいというわけではありません。属する文化にふさわしいコミュニケーションを踏まえないと、良好な関係を築くことはできません。

文化人類学者エドワード・ホールは、コミュニケーションをうまく取るにはコンテクスト＝文脈を踏まえる必要があるが、コンテクストへの依存度の高い文化と低い文化があると言います。コンテクスト度の低い文化とは、人々の間に共通の文化的文脈がなく、言葉ではっきり言わないと通じ合えない文化のことで、欧米のような言葉ではっきり伝えるコミュニケーションは、コンテクスト度の低い文化の特徴と言えます。一方、コンテクスト度の高い文化とは、人々が共通の文化的文脈をもち、わざわざ言葉で言わなくても通じ合う文化のことで、日本のようなはっきり言葉に出さないコミュニケーションは、コンテクスト度の高い文化の特徴ということになります。

○コンテクスト度の高いコミュニケーションの特徴

私たちは、とくに意識しなくても、日本に生まれ育つかぎりコンテクスト度の高いコミュニケーションを用いており、その感受性を踏まえておかないと良好な関係を築くことはできません。以下にその特徴をあげるので、ぜひ頭に入れておいてください。

①相手の依頼や要求が受け入れがたいときも、はっきり断れず、遠回しな言い方で断ろうとする
②相手の意見やアイデアに賛成できないときも、はっきりとは反対しない
③はっきり言わずに、相手に汲み取ってほしいと思うことがある
④相手の出方を見ながら、自分の言い分を調節するほうだ
⑤これ以上はっきり言わせないでほしい、察してほしいと思うことがある
⑥相手の期待や要求を察して、先回りして動くことがある
⑦相手の言葉から、言外の意図を探ろうとするほうだ
⑧相手の気持ちを察することができるほうだ

12 匂わせ過剰症候群・匂わせ過敏症候群

SNSの発信にイラッとくることはありませんか

匂わさずにはいられない人たち

「そういう案件なら、前にも経験してるんで」「店選びなら、わりと得意な方なので」などと自分の守備範囲であることを匂わす。あるいは、自分がいかに困難なプロジェクトを成功に導いたかといった苦労話をすることで自分の手柄や粘り強さを匂わす。この程度の匂わせは、だれもが日常的にやっていることであり、自己呈示の一種ですが、それも過剰になると鼻につきます。

ＳＮＳの時代になってとくに目立つのが、匂わせ過剰症候群と私が名づけている過剰な匂わせです。仕事がうまくいくと、だれかに自慢せずにはいられず、フェイスブックやブログでつぶやく。名の通った会社の仕事にかかわると、その会社名を吹聴したくなり、さりげなく会社名がわかる写真をアップする。何らかのイベントに参加したりするたびに写真をアップする。出張するたびに出張先の駅や街中の写真をアップして、自分があちこち駆け回っていることを匂わす。

匂わせが過剰になってしまうのは、ほんとうは自分に自信がないからです。それで実際以上に自分を大きく見せたくなる。いわば、承認欲求の虜になっているのです。その結果が過剰な匂わせとなります。自分の不安を覆い隠すべく、自分の大きさ、有能さをさりげなくアピールする。それがついつい過剰になってしまうのです。

○匂わせにイラッとくる人たち

過剰な匂わせは、どうにも鬱陶《うっとう》しいものです。でも、人の匂わせに必要以上にイラッとくる人がいます。それが、匂わせ過敏症候群と私が名づけているものです。同僚に「髪が乱れてるよ」と教えてあげると、「このところ仕事の持ち帰りが多くて睡眠不足で、髪をセットする時間がないんだ」といった返事が返ってくる。昼休みに食事に出ようとすると、おにぎりをかじりながら書類を作成している姿を見かける。そんなとき、素直に「忙しくて切羽詰まってるんだな」と思うことができずに、イラッときてしまう。マウンティングされたような気がする。「お前は暇だろうけど、オレは忙しいんだ」と有能さを匂わせているように感じてしまうのです。匂わせに過敏になるのも、自分に自信がないからです。そのため、相手の言動を素直に受け止められません。

かりに相手の匂わせが過剰な場合も、ふつうならそこに滑稽さを感じる心の余裕があるものですが、それがないのです。いずれの症候群も、脱するポイントは、自信をつけることにつきます。

13 場面依存性 なぜ日本人は社交が苦手なのでしょうか

○私たちは場面にふさわしい自分を生きる

日本人には社交が苦手という人が多いものです。アメリカ人などは、とてもスマートに社交をこなします。それに比べて日本人は、パーティの場で自由に振る舞える人は少数派で、よく知らない人たちとどうかかわったらよいかわからず、気をつかうばかりで疲れるため、ついつい顔馴染みで固まりがちです。つぎつぎに新たな相手に向かうよりも、知り合って馴染んだ相手とそのまま一緒に話していることが多くなりがちです。なぜ社交が苦手なのでしょうか。

島国根性などという人もいますが、そもそも言語構造が社交に向いていないのです。たとえば、敬語というものがあるため、相手との関係がはっきりしないと、どんな言葉づかいがふさわしいのかがわかりません。自分を指す代名詞も、相手との関係によって、「私」「僕」「オレ」「お父さん」などと変幻自在に姿を変えます。このような日本的な自己のあり方を、私は自己の場面依存性と呼んでいます。相手を呼ぶにも、「あなた」がふさわしいのか、「君」と呼んでもよいのか、「おたく」の方がよいのか、「〇〇さん」が無難なのか、「〇〇様」と言うべきなのか、関係性を読みながら頭を悩まさなければなりません。こんな具合に、私たち日本人は初対面の相手やまだよく知り合っていない相手に非常に気をつかうため、社交が苦手という人が多いのです。

○私たちは「間柄」を生きている

哲学者和辻哲郎は、日本語の特徴をもとに日本人の心理を読み解いています。和辻は、「人間」という言葉がなぜ「人」を意味するのかという疑問を発します。他の言語では、「人の間」、つまり「人間関係」が「人」と混同されることはなく、両者はしっかり区別されていると言います。日本語においてのみ「人」と「人間関係」が混同されているとするなら、そこにこそ日本人の心理的特徴があらわれているはずです。

それは、私たちの自己が他者との関係を抜きに成立しないということです。欧米人のように、一定不変の自己があるのなら、社交の場でもその自己を出せばよいからラクですが、私たちは「個」を生きるのではなく「間柄」を生きています。ゆえに、私たちの自己のあり方は、相手との関係性に応じて決まってくるのです。相手との関係性がはっきりしないうちは、自己のあり方も決まらず中途半端な心理状態に置かれます。そうした事情があって、初対面の相手やよく知り合っていない相手とかかわらなければならない社交が苦手なのです。

14 社交と親交 社交に虚しさを感じることはありませんか

○人脈づくりは大事だとはいうものの……

ビジネスに人脈は必要不可欠だと言われ、人脈づくりに余念のない人がいます。懇親会などでも、何人の人と名刺交換をしたかが勝負だと言って、集めた名刺の数を競います。人脈づくりのコツとして、同じ相手と3分以上話さない、そうすれば2時間の懇親会で40人以上と知り合うことができる、などと言われます。そうした考え方に則って、交換した名刺がたくさん溜まっていくことに充実を感じている人もいます。でも、その一方で、こんなつきあい方ではじっくり知り合うことができないし、人間的な交流になっていないと、虚しさを感じている人もいます。

何かのときに人脈が生きるというのは事実でしょう。しかし、懇親会で数分会話をして名刺交換しただけの人のために一肌脱ごうという人などいるでしょうか。深い交流があり、人間的に共感するところがあるからこそ力になりたいと思うのであって、名刺交換したくらいでそこまでの思い入れがあるとは思えません。それでも力になってくれるのは、こちらの名前や企業名に利用価値がある場合でしょう。そこではギブ・アンド・テイクが期待されているわけで、こちらにそうした利用価値がないのに、ただ名刺交換したくらいの相手に力を貸してくれるお人好しなどいるわけがありません。そう考えると、浅い関係を無数につくることにこだわるよりも、多少は人間的な心のふれあいが生じるような深いかかわりをもつようにした方が、いざというときの人脈になると同時に、人生の豊かさにもつながるのではないでしょうか。

○社交より心を注ぐべきは親交

実存心理学者のロロ・メイは、現代人にみられる特質は空虚さと孤独であり、孤独を恐れるあまり、自分が社交的に受け入れられることを求め、無意味な社交にうつつを抜かしていると指摘します。そして、社交について、「大切なのは、話されている内容それ自体ではなく、なにかが、たえず話されているということである。沈黙は、大きな罪悪なのである。というのは、沈黙は孤独と恐怖を招くからである。自分の話すことにあまり多くの内容を汲み取ったり、深い意味を含ませてはならない。すなわち、あなたは、自分の口にすることばについて、理解しようとしないとき、かえって有効な社交の機能を果たす」としています。

社交の虚しさの核心をつくような言葉ですが、最終的に孤独な人生にならないように、社交にばかり走らずに、親交、つまり心のふれあいがある親しいつきあいを心がけたいものです。

15 間柄の文化と自己中心の文化

ビジネスライクにいきにくいことがありませんか

○間柄の文化と自己中心の文化

私は、文化によって自己のあり方や人間関係のあり方が異なることに着目し、欧米の文化を「自己中心の文化」、日本の文化を「間柄の文化」と特徴づけて対比させています。

「自己中心の文化」というのは、自分が思うことを思う存分主張すればよい、ある事柄を持ち出すかどうか、ある行動を取るかどうかは、自分の意見を基準に判断すればよい、とする文化のことです。そこでは、常に自分自身の気持ちや考えに従って判断することになります。積極的な自己主張をよしとする欧米の文化は、まさに「自己中心の文化」と言えます。そのような文化のもとで自己形成してきた欧米人の自己は、個として独立しており、他者から切り離されています。

一方、「間柄の文化」というのは、一方的な自己主張で人を困らせたり嫌な思いにさせたりしてはいけない、ある事柄を持ち出すかどうか、ある行動を取るかどうかは、相手の気持ちや立場を配慮して判断すべき、とする文化のことです。そこでは、常に相手の気持ちや立場を配慮しながら判断することになります。勝手な自己主張を控え、思いやりをもつべしとする日本の文化は、まさに「間柄の文化」と言えます。そのような文化のもとで自己形成してきた日本人の自己は、個として閉じておらず、他者に対して開かれています。

○なぜビジネスライクにいかないのか

心理人類学者の浜口恵俊は、欧米を個人主義、日本を間人主義とし、個人主義の特徴は対人関係の手段視であり、間人主義の特徴は対人関係の本質視であるとします。つまり、欧米人にとっては人間関係は自分が利益を得るための手段であり、人間関係そのものに価値を置くことはありませんが、日本人は人間関係そのものに価値を置くため、相互信頼が大切になるというわけです。

仕事の打診があったとき、私たち日本人には、「それでいくらもらえるんですか？」などといきなり聞くのは無粋だという感覚がありますが、欧米人相手にビジネスをする場合は、最初からビジネスライクにいかないと、いいように利用されてしまいます。私たちは間柄を生きているため、自己中心にはいきにくい。だからこそ「ここはビジネスライクにいきましょう」などとわざわざ言わなければならない場面があるのです。欧米人は、そもそもがビジネスライクなので、グローバルな交渉に際しては、そのことを念頭に置いておかないと痛い目に遭いかねません。

チェックポイント

ビジネスの武器となるポイント、頭の中で整理できていますか。以下の問いに、口頭でよいので簡単に答えてみてください。自信がないときは、もう一度該当箇所を読み直しましょう。

☑あなたは自分がどんな印象を与えがちか、答えられますか

☑あなたは自分の印象をよくするために、どんな工夫をしていますか

☑人と話すとき、あなたは相手の反応をしっかりモニターできていますか

☑挨拶をして回るだけで好感度がアップするのはなぜでしょうか

☑共通点があるとビジネスがうまくいきやすい理由を具体例をあげて説明できますか

☑ビジネス交渉がロジカル思考だけではうまくいかない理由を具体例をあげて説明できますか

☑座席のとり方でどんな工夫ができるか、具体例をあげて説明できますか

☑自分が悪くなくても謝るのはなぜでしょう

☑コミュニケーション・ギャップによるトラブルを防ぐためにどんな工夫が必要でしょうか

☑SNSで匂わせ過剰になったり、人の匂わせにイラッときたりする人の気持ちを説明できますか

☑日本人に社交が苦手な人が多い理由を説明できますか

☑社交と親交の違いは何でしたか

☑日本人がビジネスライクにいきにくい理由を説明できますか

第2章

[人事評価の心理学]

見え方がこんなに違うのはなぜなのか

16

ポジティブ・イリュージョン

自分は正当に評価されていないと感じるのはなぜでしょうか

○人はだれも自分に甘い

人事評価に対する不満を抱く人が非常に多いのはどの職場も同じではないでしょうか。人事評価システムがいろいろ工夫されているのに、なぜそんなに不満が渦巻くのでしょうか。そこにあるのが自分を過大評価する心理傾向、いわゆるポジティブ・イリュージョンです。

心理学者ダニングたちの実験では、運動能力に関して、60%が自分は平均より上とみなしており、平均より下とみなすのは6%にすぎませんでした。運動能力という、比較的わかりやすいものであっても、そこまで自己認知が歪んでいるのですから、目に見えにくい能力についてはもっと歪むはずです。実際、リーダーシップ能力については、70%が自分は平均より上とみなしており、平均より下とみなす人はわずか2%にすぎず、人とうまくやっていく能力については、なんと85%が自分は平均より上とみなしており、平均より下だとみなす人は皆無でした。いずれも統計学的にはあり得ない数字です。その他、管理職の90%が自分の能力は他の管理職より優れているとみなしているとするデータもあります。非現実的な思い込みがいかに強いかがわかるでしょう。

○日本人にありがちなポジティブ・イリュージョン

これらのデータはあくまでも欧米人のもので、自信過剰なくらいでないと生きていけない文化で育つ欧米人と違って、謙虚さが尊ばれる日本には当てはまらないのではないかと思う人もいるでしょう。たしかに欧米人と比べると日本人のポジティブ・イリュージョンはかなり弱いのですが、それでも明らかにみられます。ただし、日本人の場合は、有能さよりも真面目さややさしさ、誠実さに関するポジティブ・イリュージョンが顕著に見られます。

このようにだれもが自分は平均以上と思う心理傾向をもつのです。それが人事評価に対して渦巻く不満の基になっていると言えます。ただし、もともと人事評価というのは非常に難しいものであって、いくら基準を明確にしたつもりでも、客観的な評価などあり得ません。それに加えて、ポジティブ・イリュージョンが絡んでくるから、どうにもややこしいのです。

「こんなに真面目にやっているのに」「こんなに誠実に仕事をしているのに」、なぜ評価してもらえないのだというように、多くの人が報われない思いを抱えがちです。評価する側としても、報われない思いを抱える側としても、そうした心理メカニズムを知っておく必要があるでしょう。

17 ダニング＝クルーガー効果

仕事が今いちな部下に、未熟さに気づかせるのが難しい理由がわかりますか

○ポジティブすぎる部下に手を焼く

ポジティブすぎる部下に手を焼く、そんな経験はありませんか。ポジティブ心理学が提唱された２０００年以降、ポジティブになろうといったスローガンが世の中に広まりすぎたため、元々楽観的すぎる人、ものごとを深く考えない人による勘違いが横行している感があります。仕事ができず初歩的なこともよくわかっていない部下がなぜか自信をもっていたりするのです。

たとえば、何らかのプロジェクトを立ち上げることになり、メンバーを組む際に、どうみても力不足とみなさざるを得ない人物が、自信満々な様子で自分を売り込んできたりします。あるいは、仕事でミスの多い人物にいくら注意しても、「はい、わかってます」と言うものの、深く受け止める様子がなく、平然としており、こっちの言葉が染み込んでいかず、それでまた同じようなミスを繰り返したりします。このようにポジティブすぎる部下に手を焼く管理職が少なくありません。前項で解説したように、私たちはみんなポジティブ・イリュージョンを抱え、自分の社

会的能力や知的能力を過大視する傾向があるわけですが、じつはそうした傾向は能力の低い人ほど著しいことが、心理学の実験によって証明されているのです。

○能力の低い人は、自分の能力の低さに気づく能力も低い

なぜかできない部下が自信たっぷりで、注意やアドバイスが染み込まないというのは、多くの管理職が感じていることのはずです。そのことを実証してみせたのが、心理学者ダニングとクルーガーです。いくつかの能力に関するテストを実施し、同時に自分の能力について自己評価させるという実験が行われました。その際、各能力ごとに、上位４分の１の最優秀グループ、そのつぎに位置する平均より少し上のグループ、さらにそのつぎに位置する平均より少し下のグループ、下位４分の１の底辺グループに分けました。その結果、どの能力に関しても、底辺グループの人たちは、下から10％程度の実力しかないのに、本人は自分の能力は平均以上とみなしていました。

そうした過大評価の程度は成績が下位のグループほど大きく、最優秀グループではそのような過大評価はみられず、むしろ逆に自分の能力を実際より低く見積もる傾向がみられました。このような心理傾向をダニング＝クルーガー効果と言います。まずは自分の能力不足、スキルの未熟さに気づくこと、それが成長への第一歩と言えそうです。

18 防衛的悲観主義 不安が強い人の方が仕事ができるというのは本当でしょうか

○成果を出しているのに不安の強い人

前項のポジティブすぎるタイプとは逆に、ちゃんと仕事ができているし、成果も出しているのに、非常に不安が強いタイプがいます。あなたの周りにもいませんか。たとえば、プレゼンを任せると、準備段階で「ここまでできたんですけど」としょっちゅう見せにきて確認を求める。もうこれで大丈夫だろうと思っても、本人はまだまだ不安なようで、いろいろとアドバイスを求めてくる。もっと自信をもってもよいのにと思うのに、どうも不安から抜け出せないのです。

このようなタイプの部下や後輩がいると、「いつもちゃんとできてるんだから、もっと自信をもったらどうだ。ポジティブにいこう、ポジティブに」と言いたくなるかもしれませんが、そのような声がけは禁物です。不安が強いからうまくいっているのであって、不安が取り除かれてしまったら、せっかくうまくいっている仕事の流れが乱れてしまう可能性が高いのです。そこで参考になるのが、心理学者ノレムとキャンターの防衛的悲観主義という概念です。それは、実際は成果を出しているのに、今度はうまくいかないかもしれないと悲観的になるタイプのことです。

このような防衛的悲観主義者は、一般に成績が良いことが多くの研究により示されています。

○不安だからこそ用意周到になれる

ノレムによれば、防衛的悲観主義者は、これから起こることを考えるときには徹底してネガティブに考え、不安をもちやすく、最悪の事態をあらゆる角度から想像しては失敗するのではないかと怖れるのですが、結果的にはもっともうまくいくタイプなのです。悲観的で不安が強いために、用意周到に準備を行い、あらゆる状況を想定し、失敗についてもあらゆる想像をしながら対処法を検討しておくことで、ものごとを滞りなく進行させます。先ほどのプレゼンの事例で言えば、先方のが知識があったら大変だと資料・情報収集に余念がなく、質問に答えられなかったら大変だとあらゆる質問を想定してどう答えるかを考えます。それにより、プレゼンが成功する可能性が高まります。つまり、将来のパフォーマンスに対して不安があり、楽観的になれないことが、成績の良さにつながっているのです。このような防衛的悲観主義者は、不安だからパフォーマンスが良いのであって、楽観的になって不安が消えると、呑気に構えてしまい、準備が疎かになり、かえってパフォーマンスが低下してしまいます。それは実験でも証明されています。

19 目標設定理論

困難なほど高い目標がパフォーマンスを高めるというのは本当でしょうか

○目標設定がパフォーマンスを高めるための鉄則

自分自身に厳しく課題を課し、自らを駆り立てていく人物は、放っておいても成果を出していきますが、多くの人は自分に甘く、ついつい楽な方に流されがちです。そこで必要となるのが目標による管理です。その根拠となっているのが目標設定理論です。それは、目標を設定することがモチベーションやパフォーマンスにどんな影響を与えるか、また目標の設定の仕方によってモチベーションやパフォーマンスにどんな影響があるかについての理論です。心理学者のロックとレイサムは、目標設定の効用について、つぎのように整理しています。

①生産性を高める　②仕事の質を高める　③何が期待されているかを明確化する
④退屈感を軽減する　⑤達成することで成果および仕事に対する満足感が高まる
⑥達成することで同僚や上司による承認が得られる

⑦フィードバックと承認が無意識の競争を誘発し、成果を押し上げる
⑧仕事への自信や誇りを強める

●「最善を尽くすように」より「具体的で困難な目標」

具体的な目標を与えるのがよいのか、それとも最善を尽くすようにと指示するのがよいのかについて、さまざまな実験により検討が行われてきました。その結果、目標をあいまいにして最善を尽くさせた場合よりも、具体的で困難な目標を設定した場合の方が、モチベーションも高く、パフォーマンスも良いことがわかりました。最善を尽くせということだと、どのくらい頑張ればよいかがあいまいなため、「これくらいでいいだろう」と、どうしても自分に甘くなってしまいます。

さらに、成果を評価するにも、評価者である上司と最善を尽くしたつもりの部下との間で、「最善の水準」にズレがあり、それが双方に不満を生むことになります。たとえば、部下の側は「こんなに頑張ったのに、なぜ評価してくれないんだ」と不満なのに、上司の側は「なんでもっと本気になって取り組まないんだ」と不満に思っていたりします。ただし、この理論がビジネス界に浸透してから、あまりに困難な目標設定が流行り、モチベーションの低い人物の意欲を削ぐような事態も生じています。やはり目標設定には、ひとりひとりの性格を考慮する必要があります。

20 天井効果

みんなが目標をクリアしてるのに、なぜ業績が伸びないのでしょうか

○目標数値に駆り立てることが裏目に出る?

具体的で困難な目標を設定するのが目標設定理論の鉄則ということになると、常に次期の目標は今期の実績を上回る水準に設定することになります。たとえば、今年の売上げ実績が2000万円だとすると、次年度の目標は2500万円に設定されたりします。これで次年度の目標をみんなが達成できたとしたら、業績はうなぎ登りに伸びていくはずです。ところが、ほとんどの人間が目標を達成しているのに、組織全体としての業績の伸びが今ひとつ、といったことが現実によくあります。なぜでしょうか。そこで考えられる問題が天井効果と数字の辻褄合わせです。

○天井効果や数字の辻褄合わせを防ぐ手立て

数字の伸びが頭打ちになることを天井効果と言いますが、この場合は、目標を達成すると、それ以上に頑張ろうとしなくなる心理現象を指します。天井効果をもたらす主な要因として、次期

の目標が今期の実績に上積みした水準に設定されるため、今年度の実績をできるだけ目標値スレスレに押さえようとする心理があります。今期頑張りすぎると、高い目標を設定されて次年度に苦しむことが予想されるため、ほどほどにしておこうといった心理が働くのです。また、目標を達成したかどうかだけで評価され、目標を超過した部分に対する評価（報酬）がないと、目標以上の成果を出すと損失感が伴うため、目標達成が見えてきたら、それ以上の成果を出さないように力をセーブする心理が働きます。天井効果を防ぐには、次期の目標を必ずしも本人の今期の実績をもとに設定するのでなく、今期の特殊要因を考慮したり、過去数年の平均をもとにしたり、今期の全員の実績の平均をもとにするなどの工夫が必要です。また、目標超過分に対する報酬を検討することも必要でしょう。

数字の辻褄合わせも、現実に非常に深刻な問題です。これは、見かけの数字を達成するための操作を指します。たとえば、今期の売上げ目標を非現実的な２０００万円に設定され、とても無理だと判断したとき、新規契約をすると多少の割引きがあると取引先に話を持ちかけ、前年度に獲得した3年契約を解約し、新たに3年契約を結んでもらうというような仕組みのことです。それにより目標額は達成されても、実質的には割引分の収益が減っていることになります。これを防ぐには、新規獲得分の数字だけでなく、継続分も今期実績に算入するなどの工夫が必要でしょう。

21 相対評価・絶対評価・個人内評価

評価の枠組みによって効果にどんな違いがあるのでしょうか

○3つの評価の枠組み

能力や成果を評価する枠組みは、主に3つあります。それは、相対評価、絶対評価、個人内評価です。それぞれ、つぎのような特徴があります。

相対評価——集団の中での位置づけによって評価が決まる方法。たとえば、部署内の他の人と比べて売上高が多いか少ないかによって評価が高くなったり低くなったりするものです。

絶対評価——他の人がどのような成績であるかに関係なく、全員に当てはめられる一定の基準を達成したかどうかで評価が決まる方法。到達度評価ともいいます。たとえば、部署内の全員に売上げ目標額が示され、他の人の動向に関係なく、それを達成したかどうかで個人が評価されるものです。

個人内評価——評価の基準を本人のこれまでの実績に求める方法。たとえば、前期の売上高を超えれば評価が高くなり、超えなければ低くなるなど、他の人の成績には関係なく、本人の成績の向上や低下に着目するものです。

○それぞれの評価の枠組みの長所と短所を踏まえておく

教育現場では、２０００年ぐらいまでは、義務教育の学校では相対評価で成績がつけられていましたが、今は絶対評価に切り替わっています。その理由は、相対評価だといくら頑張ってできるようになっても、もっとできる優秀な人がいると、成績が上がらない、といった問題があるからです。できるようになった分だけ評価してもらえるという点において、絶対評価が望ましいということになったわけです。それでも、障害児などは、みんなと同じ基準で評価されると肯定的な評価が得られないため、個人内評価が用いられます。本人が以前よりも向上していれば、他の人たちよりずっと遅れていたとしても、その伸びが評価されるため、励みになります。

ビジネスの場では、目標設定においては絶対評価や個人内評価が用いられ、資格認定などでは絶対評価が用いられ、総合的評価では相対評価が用いられるのが一般的です。ただし、右に示した教育現場における各評価の利点を参考に、相対的な位置づけは変わらないものの着実に力がついている場合など、できるようになってきたことを指摘することなどによって、個人のモチベーションが下がらないような評価的声がけを行うことが大切です。

22 対人認知の次元

人物評価はどのような次元で行われるのでしょうか

○「仕事はできるんだけど」というような評価がよく口にされるのは……

人を評価するコメントとして、「彼は、仕事はできるんだけど、人間関係がちょっとねえ」「彼女は、とりあえず最低限やるべき仕事はやってくれるんだが、ぶっきらぼうな感じがあるから、取引先に与える印象が気になるんだよね」などといった声をよく耳にします。それに対して、「仕事ができるならいいじゃないか」「最低限やるべき仕事をやってくれるなら何も問題ないじゃないか」と思う人もいるでしょう。でも、人の印象には、仕事そのものの能力だけでなく、人間関係能力が大きく影響し、それが人事評価にも影響するものなので、人間関係能力も侮れません。

その証拠に、「彼は、仕事はまだ力不足なんだけど、とても良いヤツなんで、面倒みてやってくれないか」などと言われることがありますが、「良いヤツ」というのは人間関係面の良好さを指しているわけです。心理学の諸々の研究によってわかっているのは、知的能力面での良し悪しと人間関係面での良し悪しという2つの次元で対人認知が行われるということです。対人認知というのは、人に対する印象をもったり、人のことを評価したりすることを指します。

○能力評価と人間関係評価

私たちは、すでに子どもの頃から、勉強ができるかどうか、友だちと仲良くできるかどうかという2つの次元を用いて、友だちのことを評価していることがわかっています。大人になると、勉強は仕事に変わりますが、人とうまくやっていけるかどうかの軸はそのまま維持され、仕事能力面と人間関係面の2次元で人を評価するようになります。「彼女は、頭は良いんだけど、性格がきつくて周囲とうまくいかないんだよ」「彼は、人当たりが良くて、だれとでもうまくやっていけるんだけど、仕事が今イチできないんだよなあ」などといった、よく耳にするコメントも、まさにこの2つの次元を組み合わせた人物評価になっています。

ここで考えなくてはいけないのは、自分が抱く個々の人物に対する評価的な印象には、この2つの次元が微妙に入り交じっているのだと自覚することです。たとえば、業績評価に際して、仕事の能力や成果を評価しているつもりでありながら、じつはそこに「感じのよい人物かどうか」というような人間関係面の評価を無意識のうちに混入させていたりします。それを解きほぐすことも必要です。ただし、人間関係が重視される日本社会では、仕事の成否が人間関係に大いに左右されるのも事実です。それなら、評価基準に明確に人間関係面の基準も並べるべきでしょう。

23 承認欲求と評価不安

承認欲求を活かすには、どんな評価システムが望ましいでしょうか

○だれもが強く承認欲求を抱える時代

承認欲求というのは、心理学者マズローも人間の基本的欲求の最上位に位置づけたように、だれもがもつ基本的な欲求です。人から認められたい、ちゃんとやってると認めてほしい、頑張ってるなと認めてほしい、といった思いを抱くのは、ごく自然なことです。認めてほしくて頑張る。認めてもらえたからさらに頑張る。そのように認められたい思いが成長につながっていくものです。ただし、ＳＮＳの普及により、人からの承認が可視化されることにより、人からの承認を過度に気にする人、いわば承認欲求の虜になる人が増えてきました。「嫌われる勇気」などといった言葉が多くの人の心に刺さったのも、人からどう見られるか、どのように評価されるかに縛られ、自由に身動きできなくなり、そんな状態に鬱陶しさを感じている人が多いことのあらわれと言えるのではないでしょうか。でも、鬱陶しいからといって、人からの評価を気にしないわけにはいかない。そこに息苦しさを感じるのでしょう。そこにあるのが評価不安、どのように評価さ

れるのだろう、肯定的に評価してもらえるだろうか、といった不安です。これはプライベートな人間関係でも職場の人間関係でも同じです。

●評価基準の明確化がモチベーションを上げ、成長につながる

とくに職場では、上司による評価次第で昇給や昇格が左右されるため、だれもが評価不安に脅かされます。承認欲求が成長を導くといっても、評価基準が不明確だと、評価不安が高まるばかりで、落ち着いて仕事に集中できなくなります。頑張る方向が見えないからです。また、評価基準が明確に示されないと、評価結果に対しても不信感を抱き、職場に不満が渦巻くことになります。そこには当然、ポジティブ・イリュージョン（16項）も絡んでくるため、たとえきちんと評価していたとしても、多くの人たちが「自分は正当に評価されていない」「この組織の評価システムはおかしい」といった思いを強めます。そうなるとモチベーションが下がり、手抜きが横行し、職場全体の仕事のパフォーマンスが質量ともに落ちてしまいます。

そこで重要になるのが評価基準の明確化です。たとえば、営業のように売上高や受注数などで基準を数値化しやすい職種でも、顧客対応の質もうまく基準を設定して明示しないと、強引な売り方や不誠実な対応が横行し、長い目で見れば組織の損失になったりしかねません。

チェックポイント

ビジネスの武器となるポイント、頭の中で整理できていますか。以下の問いに、口頭でよいので簡単に答えてみてください。自信がないときは、もう一度該当箇所を読み直しましょう。

- ☑だれもが人事評価に不満を抱く理由をポジティブ・イリュージョンで説明できますか
- ☑仕事ができないのになぜか自信ありげなポジティブ社員の心理をダニング＝クルーガー効果で説明できますか
- ☑不安が強い人の方が仕事ができるのはなぜでしょうか
- ☑「最善を尽くすように」と伝えるより「具体的で困難な目標」を与える方がパフォーマンスが良いのはなぜでしょうか
- ☑天井効果とは何か、またそれを防ぐ方法を説明できますか
- ☑能力や成果を評価する際の3つの枠組みとは何でしたか
- ☑人が他人を評価する際に用いる2つの次元とは何でしたか
- ☑評価不安とは何か、またそれを和らげる方法について説明できますか

第3章

[キャリアと能力開発の心理学]

人生の
有意義な過ごし方を
見つける

24 アイデンティティ拡散

「やりたいこと」がわからないということはありませんか

○青年期だけではないアイデンティティ拡散

精神分析家であり発達心理学者でもあるエリクソンは、青年が社会の中に居場所を築いていく心理プロセスを研究しています。その中で、青年期を、その都度傾倒する価値観に自分を重ね、興味をひく勉強をしたり、気になる仕事を試してみたりと、試行錯誤をしながら自分の生き方を模索するモラトリアム（猶予）期間と位置づけています。ただし、試行錯誤の中で自分と社会の接点を見失うこともあります。それがアイデンティティ拡散です。「社会に出て何をしたらよいのかわからない」「自分がやりたいことがわからない」「自分が何に興味があるのかわからない」というように、自分がよくわからない心理状態を指します。自分自身がアイデンティティ拡散の危機を経験したエリクソンは、これを青年が一時的に陥りやすい病理とみなしましたが、現代ではほとんどの青年が陥るのみならず、大人になって職業についても自分がわからない心理状態にあるのは、ごくふつうのこととなりつつあります。それには、生き方の自由度が増したことや職業の多様性が増したこと、社会の変動性が増したことなどが影響していると考えられます。

○「やりたいこと」はわからなくてもいい

２０１１年からすべての大学でキャリア教育を行うことが義務づけられ、その一環としてキャリアデザイン教育も盛んに行われ、学生たちは「やりたいこと探し」に駆り立てられるようになりました。そんな中、「やりたいことが見つからない」「何とか頑張ってやりたいことを見つけたいと思う」などという学生が多く、さらには「やりたいことがはっきりしない中途半端な状態で就職しても後悔することになるから、就職は先延ばししたい」という学生さえ出てきています。このような動向は、キャリアデザイン教育の弊害ではないでしょうか。

家業を継ぐ時代でもなく、職業が無数にあり、またこの先どんな職業が流行ったり新たに登場したりするかわからない時代に、やりたい仕事が簡単に決まらないのは当然でしょう。やりたい仕事が決まっていて、いざ就職してから「こんな仕事をするためにこの会社に入ったんじゃありません」という人物より、やりたい仕事がとくに見当たらず、とりあえず就いた仕事に集中できる人物の方が、適応的と言えないでしょうか。その意味では、「やりたいこと探し」より目の前の課題に没頭する姿勢を身につけることの方が大切と言えます。

25 プロテウス的人間 先が見通せない時代にふさわしい生き方とは

○先を見通せない時代の不安とワクワク感

ＩＴの発達により人々のライフスタイルも仕事の形態もめまぐるしく変化する時代に、自分のキャリアの可能性を力強く切り開いていくには、不透明さに不安を感じるのではなく、不透明だからこそワクワクするといった心構えが求められます。そのためには、先を読むことにあまりとらわれないことです。よくわからないことにエネルギーを注いでも仕方がありません。そこで参考になるのが、プロテウス的人間です。

世の中が変動社会に突入し始めた頃、社会学者リフトンは、プロテウス的人間こそが変動の時代の適者だとしました。プロテウス的人間とは、自分の姿を怖ろしいヘビ、ライオン、竜、火、洪水などに変幻自在に変えることができるものの、自分自身の真の姿を現すことができないギリシャ神話のプロテウスにヒントを得て、リフトンが命名した人間のタイプです。

○プロテウス的人間の特徴

プロテウス的人間は、つぎのような特徴をもちます。

①環境の変化に応じて自分自身を柔軟に変化させながら自己を発展させていく

②今の自分をあくまでも一時的な仮の姿とみなし、つぎつぎと新しい仕事や生き方に全力でぶつかっていく

③たとえ何かでうまくいっても、そこに自分のアイデンティティを縛りつけたりせずに、別の可能性にも自己を開いておく

④新たな自己の可能性を求めて終わりなき実験を繰り返すため、特定の生き方に傾倒することができず、不条理の感覚を心の奥底に抱えている

このような人間は、いつまでもフラフラしているとして否定的に評価されがちですが、変動の激しい時代には、むしろ適応的とみなすことができるでしょう。経験を糧にして自分自身を変身させ、環境に適応すると同時に、どこまでも自分の可能性を開発していく姿勢は、まさに先を見通せない今の時代にふさわしいものと言えます。決定しないことによって高い適応力を保つ。あらゆることがらに心を開いておく。とりあえず今気になることをやってみる。このような開かれた心の構えが、これからはますます求められるのではないでしょうか。

26 欲求の階層説

「モノの時代」から「心の時代」へと言われるのはなぜでしょうか

○満たされない欲求が人を駆り立てる

バブルが弾ける頃より、「モノの時代」から「心の時代」へ、というようなことが言われるようになりました。それは、物質的に豊かになり、便利なモノが身近に溢れ、物質的な欠乏感がなくなったことにより、人々が心の充足を求めるようになったことを意味します。「ほしいモノは何？」と尋ねられても即座に答えられないけれども、心のどこかに欠乏感、満たされない思いを抱えている。そんな時代になってきたわけです。満たされた欲求は、もう人を駆り立てず、満たされない欲求が人を駆り立てます。マズローは、つぎのような性質をもつ欲求は、生きていくために基本的なものであり、その欠乏は、人間をその獲得へと駆り立てる、とします。

①阻害された人は、その満足をたえず求め続ける
②それらの阻止が、人を病気にしたり、衰弱させたりする

欲求の階層

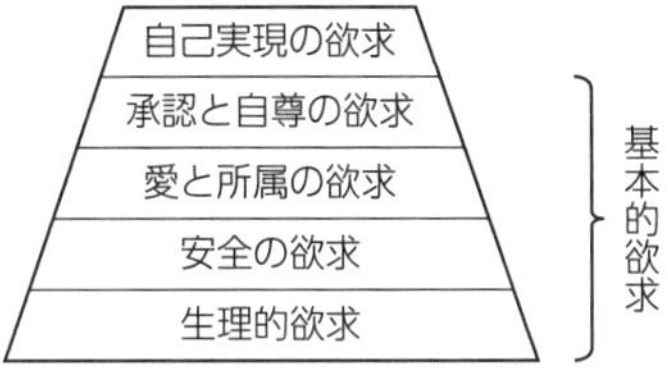

③それらの満足が治療効果をもち、欠乏疾患を治す
④持続的な補給が、これらの病気を予防する
⑤健康な人々は、これらの欠乏を表さない

○欲求の階層説

このような性質をもつ基本的欲求として、マズローは、生理的欲求、安全の欲求、愛と所属の欲求、承認と自尊の欲求の4つをあげています。これらは階層的に位置づけられ、下層のものほどより基本的な欲求で、優先的に満たすべきものとされます。つまり、まずは生理的欲求を満たす必要があり、これがある程度満たされると安全の欲求が前面に出てきます。そのようにして4つの基本的欲求がそこそこ満たされると、基本的欲求の上に位置する自己実現の欲求がうごめき出します。今の時代は、物質的な豊かさがあり、安全な暮らしもそこそこ実現しているため、居場所を求めたり、承認を求めたり、自己実現を求めたりというように、上位の欲求に動かされる人が多くなっていると言ってよいでしょう。

27 ワークバリュー 仕事や職場に何を求めますか

○仕事や職場に求めるものは人によって異なる

職場に対する不満を口にする同僚の言い分を聞いても、なぜそんなに不満なのかがわからない。逆に、仕事にも職場にも何も不満はないという同僚を見ていて、なぜこんな働き方に満足できるのかがわからない。そのようなことがないでしょうか。そこには価値観の違いがあるのです。価値観が違うと、お互いに相手の思うことがなかなか理解できません。就職や転職の際にこだわるところが人によって異なるのも、同じ会社で働いていても満足している人と不満だらけの人がいるのも、人によって求めるものが違うからです。ところが、自分が何を求めているのか、いったい何に不満なのか、そういったことを明確につかめていない人が案外多いのです。

仕事や職場に何を求めるかという価値観をワークバリューと言います。仕事のやりがいが何よりも重要だという人もいれば、高収入の確保を最優先する人もいます。生活の安定が最重要事項だという人もいれば、自分の成長を実感できることの方が重要だという人もいます。仕事の内容そのものへのこだわりが強い人もいれば、職場の人間関係の良好さが何よりも大切だという人もいます。いったいあなたは何に価値を置き、何を求めているのでしょうか。それをつかむために、あなた自身がとくにこだわるワークバリューについて考えてみましょう。

◯自分の中の優先順位を整理してみる

ワークバリューにはさまざまな要素がありますが、私はつぎのように11の要素を抽出しています。あなたは、この中の、どの条件をとくに重視しているでしょうか。自分自身の価値観やライフスタイルを振り返りながらチェックしてみましょう。今の仕事や職場に対する不満が募ってきたときは、このリストをもとに自分自身が重視する条件と現状をじっくり照らし合わせながら、自分の中のこだわりや優先順位を整理してみましょう。

①物理的に快適な職場環境　②良好な職場の雰囲気　③上司との良好な関係
④プライベートな時間との両立　⑤安定性　⑥高収入
⑦福利厚生の充実　⑧納得のいく人事評価システム
⑨仕事や職場の社会的評価　⑩仕事のやりがい　⑪自分自身の成長の実感

28 職業興味 仕事が長続きするコツは何でしょう

○どんなことに興味・関心があるか

「好きこそものの上手なれ」ということわざがありますが、関心のあることや好きなことなら多少の困難を伴ってもがんばることができるものです。職業についての関心や好き嫌いを職業興味といいます。職業興味は、その職業や仕事で能力を発揮できるかどうか、長続きするかどうかを予測するのに有効な手がかりとなります。

職業興味と勤務条件の間で揺れ動き、何を重視すべきかで悩むというケースも少なくありません。いくら給料が良くても、まったく興味のもてない作業に没頭するのは苦痛なはずです。前項で解説したワークバリューの視点から、何を優先すべきかを検討することも大事ですが、その際に職業興味という視点も軽視できません。「子どもの頃からメカニックなことに関心が強く、機械いじりが好きだった」「社交的な性格で、人と接するのが好き」「面倒見の良い方だし、子どもが好き」「本を読んだり何かを調べたりするのが好き」「アイデアを練って何かを発想したり、企画したりするのが好き」、このような興味が、職業を選択する際のヒントになります。

職業興味の六角形モデル

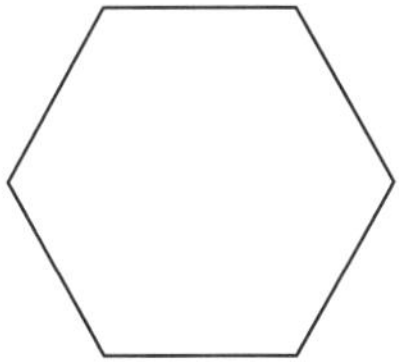

○職業興味の六角形

心理学者ホランドは、職業興味の六角形モデルを提起しました。それは、職業興味を図のように、現実的興味、研究的興味、芸術的興味、社会的興味、企業的興味、慣習的興味の6つのタイプに分けるものです。これを参考に、あなた自身の職業興味をチェックしてみましょう。

ただし、今就いている職業が自分の職業興味と違っているからといって、安易に転職を考えるのは危険です。職業興味がそのまま職業に直結する方が稀なことで、今の仕事の中に自分の職業興味で味付けをすることが大切です。たとえば、営業・販売職で、研究的興味が強いなら、商品知識や人間心理を丹念に研究していくというように。それによって、ルーティン化しがちな仕事にも深い味わいが出てきます。

29 キャリア・アンカー

「心地よさ」を感じる仕事上の居場所とは

○ここが自分の居場所だと感じさせる仕事

X理論、Y理論で世界的に有名なマグレガーも、その後継者であるシャインも、経営学者でありながら組織心理学者でもあり、ともに心理学を随処に取り入れた経営論を展開しています。そのシャインが提唱したのが、キャリア・アンカーという概念です。それは、文字通りに言えば錨をおろす場所、すなわち長年にわたる仕事生活において拠り所となるものを指します。シャインは、さまざまなビジネスパーソンに仕事生活に関するインタビューをして回りました。私も数百人の人たちにインタビューをしてきましたが、人それぞれに自分の物語があり、いろんな思いをエピソードを交えて語ります。インタビューを重ねるうちに、シャインはあることに気づきました。それは、だれもがある種の仕事をしているときには、他の仕事をしているときよりも、安全な港に停泊しているように感じるということです。ここが自分の居場所だといった感覚をもちます。そうした感覚を与えるものをキャリア・アンカーと名づけました。

○8つのキャリア・アンカー

キャリア・アンカーは、つぎの8つに分類されます。

①**専門コンピタンス**……特定の分野でひたすら向上したい
②**経営管理コンピタンス**……管理職になり、人や組織のマネジメントをしたい
③**安定**……何よりも安定した経歴を確保したい
④**起業家的創造性**……新たな事業を立ち上げたい
⑤**自律／自立**……組織に縛られるのが嫌いで、自分の納得のいくように動きたい
⑥**社会への貢献**……何とか社会に貢献したい
⑦**全体性と調和**……仕事に励みながらも、家族と一緒に過ごしたい、ある場所で暮らしたい、あるいは趣味など個人的な目標を追求したい
⑧**チャレンジ**……何かに挑戦し続けたい

あなたのキャリア・アンカーは何でしょうか。どんな仕事をしているときに充実感を感じるでしょうか。時が経つのも忘れるというくらいに没頭した仕事は何だったでしょうか。仕事や職場に関して、あなたがとくにイヤだと感じるのは、どういうことでしょうか。そんなふうにじっくりと自問自答することで、あなたにとってのキャリア・アンカーを見極めましょう。

30 計画された偶発性

今のキャリアに偶然を感じることはありませんか

○キャリアデザインよりも、開かれた心をもつこと

キャリアデザインが学校教育や職場の研修で盛んに行われていますが、ＡＩの発達によって今ある仕事の大半がなくなると言われる時代に、将来のキャリアをデザインすることにどれだけ意味があるのでしょうか。先の読めない時代には、将来のキャリアを想定するよりも、どんな状況になっても対処できる力を身につけておくことの方が大切なのではないでしょうか。そこで、キャリア・カウンセリングの世界でも、人生は予測できない、キャリアは思いがけない出来事に左右されるといった現実に立脚すべきだとする立場が台頭してきています。その代表が、心理学者クランボルツによって提唱された「計画された偶発性理論」です。

クランボルツは、いくら考えても何を専攻すべきかわからず、たまたまテニスを習っていたコーチが心理学の教授だったため心理学を専攻し、その偶然が心理学者としての今の自分につながっているという自身の経験に基づいて、その理論を打ち立てました。そして、現在のような先の読めない不確実性の時代には、長期にわたるキャリアプランをもたないことは、かえって賢明な生

き方ではないかと言います。計画された偶発性理論では、従来は優柔不断とか決断できないというように否定的に評価されていた未決定の心理状態を肯定的にとらえ直し、心を開いた状態を維持することの大切さが強調されます。新たな状況や変化に対応していくには、開かれた心を保たねばなりません。心の開放性を保つには、未決定のあいまいな状況に耐える力も必要です。

○開発すべき5つのスキル

計画された偶発性理論では、偶然の出来事をキャリア形成の好機とみなし、それをうまく利用するように促します。偶然の好機をものにするには、それに乗れるだけの力をつけておく必要があります。さらには、偶然の好機が訪れるのを受け身で待つだけでなく、積極的に生み出す努力も必要です。そのために開発すべきスキルとして、つぎの5つをあげています。

①**好奇心**――新たな学習の機会を積極的に求めること（後で何が役に立つかなどわからない）
②**粘り強さ**――つまずいてもすぐに諦めずに頑張り続けること
③**柔軟性**――状況に応じて考え方や行動の取り方を調整し変更すること
④**楽観性**――新たな状況でも萎縮せずに、何とかなる、うまくいくと前向きに構えること
⑤**冒険心**――結果が不確かでもリスクを過度に恐れず、とりあえず全力を尽くしてみること

31 流動性知能・結晶性知能

知能は加齢とともに衰えるのでしょうか

○生涯にわたって伸び続ける知能もある

若いうちはいいけれど、年とともに記憶力も思考力も衰えるから、もうダメですよ。そんな弱気なことを口にする年配者もいます。でも、それは知能というものをあまりに単純化してとらえすぎています。一般に、知能の発達は青年期をピークとし、それ以降は伸びることはなく、衰退の一途をたどるとみなされています。とくに、中高年期になると知的能力は衰えを示すという通念は、何の抵抗もなく広く受け入れられているようです。

しかし、心理学の研究により、成人期になってからの知的な発達も捨てたものではないことが明らかになっています。もっとも、そうでなければ、実社会での年輩者たちの活躍を説明することができません。年齢と業績の関係を調べた研究では、物理学者や数学者などの業績のピークは35歳頃であり、それ以降は緩やかに低下します。音楽家や画家は30代後半から40代にかけて最高の業績をあげますが、個人差が大きく、ピカソやミケランジェロのように老年期に第2のピークを迎えた人物もいます。作家では作品数のピークは35～45歳頃ですが、その間ベストセラーを出す年齢は45歳頃が一番多くなっています。

○流動性知能と結晶性知能

心理学者キャッテルは、知能を流動性知能と結晶性知能に分けました。流動性知能とは、新たな状況への適応の際に必要となる能力で、頭の回転の速さを意味する知能の側面であり、経験による蓄積と関係なく、生理的成熟と密接に関係し、青年期にピークがあり、成人期以降は衰退していくと考えられています。一方、結晶性知能とは、それまでの学習経験によって獲得された知識、習慣、判断力などで、教育や文化の影響を強く受け、成人後も発達し、老年期になってからも向上し続けると考えられています。

この区別を前提にした心理学者ホーンたちの研究によれば、単純な暗記のような課題に関しては、30歳ですでに成績が下がり始めます。それに対して、文書や人の話といった言語情報の理解や語彙の理解のような課題に関しては、少なくとも測定がなされた60歳まで成績が伸び続けています。実社会で有能に働くには、計算の速さや暗記力よりも、人生経験や仕事経験によって生み出される知恵を働かせることが必要です。そうした能力は、人生経験の積み重ねによってどこまでも豊かに向上し続けていくのです。

32 EQ IQテストでは測れない心の知能指数とは

○自己コントロール力と他者理解力が基本

IQの高い人が必ずしも成功せず、IQが平均並みの人が大成功したりするのはなぜか。そうした疑問から、心理学者ゴールマンは、人生で成功するかどうかは、心の知能指数によって決まるのではないかと考えました。実際に周囲を見回しても、必ずしも頭が切れる人物が活躍しているわけではなく、見たところ平凡な頭脳の持ち主が大活躍したりしています。そこで提唱されたのがEQです。心理学の世界では、正確にはEI（情動的知性）と言いますが、IQと対比させるためにEQと呼ばれ、それが広まり、一般社会ではEQという呼び方が定着しています。

EQは、対自的能力と対他的能力に分けられます。いわば、自分の感情を理解し、それをコントロールする能力と、他人の感情を理解し、それに対応する能力を指します。

(1)対自的能力

①自分の感情や欲求に気づく能力

②自分の感情や欲求をコントロールする能力

③自分を鼓舞しやる気にさせる能力　④粘り強くものごとに取り組む能力
⑤ものごとを楽観的に受け止め前向きになる能力

⑵対他的能力

①人の気持ちに共感する能力　②人の立場や意向を想像する能力
③人の言いたいことを理解する能力　④人に自分の気持ちを伝える能力
⑤人と気持ちを通い合わせる能力

○ＡＩの時代だからこそＥＱが求められる

子どものしつけや教育の中で、忍耐力や粘り強さ、共感性などを身につけさせることが大事だとされてきましたが、それらはこのＥＱに含まれます。実際に、ＥＱが高い方が、ストレス対処力が高く、学業成績が高く、職業的成功度が高く、社会適応力がよく、人生の幸福感が高いことが報告されています。そして、ＩＱに含まれる記憶力や論理的思考力などはＡＩが得意なのに対して、ＥＱは人間独自の能力であり、まさにＡＩに欠けている能力です。これからはＡＩが人間の能力の肩代わりをするようになり、多くの人が仕事を失うと言われますが、ＡＩとの共存を考えたときに、ＥＱを高めることは非常に重要になってくるのではないでしょうか。

33 非認知的能力

人生で成功する人が備えている能力とは

○人生の成功は非認知的能力にかかっている

労働経済学に関する業績で2000年にノーベル賞を受賞した経済学者ヘックマンは、人生のどの時点において教育に金をかけるのが効果的かを探求しています。その結果、就学前、とくに乳幼児期における教育の投資効果が絶大であることを見出しました。その根拠となっているデータのひとつが、アメリカで行われたペリー就学前計画です。そこでは、ペリー小学校附属幼稚園のアフリカ系貧困層の子どもたちを対象として、幼児教育プログラムの効果が検証されました。

その結果、介入を受けた子どもたちのＩＱは介入直後には著しく伸びました。

ただし、ＩＱの伸びは長続きしませんでした。2年間の介入終了後は、徐々に両グループの差は縮まり、8歳時点ではほとんど差がなくなっていたのです。ところが、40歳になったときの状況を調べると、介入を受けた子どもたちの方が、高校卒業率、収入、持ち家比率などが高く、離婚率、犯罪率、生活保護受給率が低いというように、大人になってからの人生における成功率が高いことがわかったのです。ヘックマンは、こうしたデータをもとに、乳幼児期において重要なのは、認知的能力（いわゆるＩＱのような知的能力）ではなく、非認知的能力をしっかり身につけることだと結論づけました。

○日本の伝統的教育が非認知的能力を高める

非認知的能力というのは、自分を動機づける能力、長期的な視野で行動する能力、自分を信じる能力、他者を信頼する能力、自分の感情をコントロールする能力などです。これらはＥＱに重なるものと言えます。ＥＱの核となる要素のひとつが自己コントロール力ですが、最新の心理学研究でも、自己コントロール力が人生の成功を大きく左右することが強調されています。たとえば、心理学者モフィットは、１０００人の子どもを対象に、生まれたときから32年間にわたって追跡調査を行い、子ども時代の自己コントロール力が将来の健康や富や犯罪を予測することを発見しました。つまり、我慢する力、衝動をコントロールする力、必要に応じて感情表現を抑制する力など、自己コントロール力が高いほど、大人になってから健康度が高く、収入が高く、犯罪を犯すことが少ないことがわかったのです。

このような自己コントロール力は、まさに日本の子育てや教育において伝統的に重視されてきたものと言えます。日本人の優秀さには、じつは科学的根拠があったのです。

34 結果期待・効力期待 成功に導く強力な心理的要因とは

○「こうすれば力がつく」とわかっていてもできないのはなぜ

喫煙は健康に悪い、禁煙すれば将来の健康リスクを大いに減らせるとわかっていても、なかなか禁煙できない。コレステロール値が高く、見た目にも太りすぎなので、ダイエットのために運動をして甘いモノを控えなければいけないとわかっていても、つい面倒で運動を怠り、甘いモノにもつい手が出てしまう。朝活で自己啓発に励んでいる友だちの話を聞き、自分も何か能力開発のための勉強をしなければと思うのだけど、ときどき思うだけで何もしていない。そんな声をよく耳にします。「こうすれば健康によい」「こうすれば力がつく」とわかってはいるのだけれど、どうしても実行が伴わない。そのような人と話すと、「私は意志が弱くて、何をしても続かないんです」というようなことを口にします。そこで参考になるのが、心理学者バンデューラが唱えた自己効力感の理論です。バンデューラは、「こうすればうまくいく」という期待が、その行動を取ることに直接つながるわけではないと考え、期待を結果期待と効力期待に分けました。

○大切なのは効力期待を高めること

結果期待というのは、「こうすればうまくいく」という期待のことです。こうすれば禁煙がうまくいくだろう、こうすればダイエットができるはずだ、こうすればきっと仕事力が高まる、といった期待が結果期待です。問題は、こうした期待があっても、なかなか実行に至らないということです。そこで重要になるのが効力期待です。

効力期待とは、「自分はその行動を取ることができる」という期待です。いわば、自分はそれができるという自信です。仕事がもっとできるようにならないとまずいと思い、朝活で能力開発を続ければきっと仕事力が高まるということはわかっても、「1時間半早く起きるなんて、ちょっと無理だなあ」と思っている人は、なかなか実行できません。それでも、「朝は弱いから無理だけど、夜活ならできそうだ」と思う人は、夜活で能力開発に励むことができますが、「帰りがけに飲みに誘われたら断れないし、疲れてるし」とためらう人は、やはり実行が難しいでしょう。

そのような人物に対して、「どうすればよいかわかってるはずなのに、どうしてやらないんだ」とイライラすることがあるかもしれませんが、それは効力期待がないからです。そこでバンデューラは、望ましい行動を取るためには効力期待こそが大事だと考え、それを自己効力感と名づけましたが、スポーツでも仕事でも、自己効力感が成績向上に強く影響することがわかっています。

35 自己効力感 実行につなげる4つの方法とは

○自己効力感を高めることで無力感を払拭する

前項で自己効力感が大事なのだという結論に達しました。授業後に相談に来る学生たちも、研修の合間に相談に来る若手社員たちも、「勉強しなければいけないって思っていても、一週間も続かないいんです。何しろ意志が弱くて困ります」「本を読むことが大切だと思って読み始めても、すぐに飽きちゃって、読み通したことがないんです。どうしたらいいでしょうか」などと、自分自身をもてあます気持ちを語ります。結局、このような人たちには自己効力感が欠けており、「どうせ自分は意志が弱いから無理だ」「自分は飽きっぽいからダメなんだ」などといった無力感が強いため、「こうすればうまくいく」という結果期待を行動につなげられないのです。これまでの人生経験を通して、「自分にはできない」という無力感が身に染みついてしまっているのです。ゆえに、何とか自己効力感を吹き込む必要があります。

バンデューラは、自己効力感を高めるための方法として、以下の4つをあげています。

○自己効力感を高める４つの方法

①**成功経験（直接的な成功経験）を与える**――自信をつけさせるためにはほめればよいといった安易な考えが広まっていますが、自己効力感を高めるには忍耐強い努力によって障害に打ち克つ経験が必要です。たいした努力もせずにほめられても自己効力感は高まりません。ゆえに、多少困難な課題を与えつつ、サポートしながら成功に導く、といった仕組みが必要です。

②**モデリング（代理経験＝間接的な成功経験）の機会を与える**――だれかがうまくいくのを観察することを指します。先輩など身近な人物がモデルになる場合は、自分にもできそうな気がしてきます。そのような適切なモデルが職場にいない場合は、頑張り抜いてうまくいった実業家やスポーツ選手などのエピソードを示すのもよいでしょう。

③**説得する**――「やればできる」と言い聞かせることです。人間というのは案外暗示にかかりやすいものです。とくに日本人は人との間柄を生きているため、上司や先輩から期待を示され、「君ならできるはず」と言われると、できそうな気がしてくるものです。

④**生理的・感情的状態を良くする（生理的高揚や肯定的な気分）**――自己効力感は肯定的気分で高まり、落胆した気分により低下します。とくにストレス反応が出ると自己効力感は低下しやすいので、ストレスコーピングを怠らないように促すことが必要です。

36 習慣形成

努力を要することが努力なしにできるようになる秘訣とは

○習慣形成の威力を見直そう

「自分は意志が弱い」と開き直ったように嘆く人がいますが、そのような人からしたら、自己啓発のために毎日読書を欠かさない人や健康維持のために毎日30分以上の散歩をしている人は、とても真似のできない強靱な意志の持ち主のように感じられるかもしれません。でも、じつはそのような人は、ほぼ自動的に読書や散歩をしているのであって、いちいち意志の力を発動しているわけではないのです。そこで見直さなければならないのは、習慣形成の威力です。

何かを継続するには当初は強い意志の力が必要です。これまで歩く習慣がなかった人が、健康診断に引っかかって、医師から毎日一万歩を目標に歩くように勧められ、社内で極力階段を使うように心がけても、はじめのうちは相当な意志の力が必要なはずです。でも、そのうちそれが習慣化すると、もう歩くのが自然になり、意志の力は必要なくなります。

ゲームをするのはよくないと思っても、ゲームをするのが習慣化しており、電車に乗って暇になるといつの間にかゲームをしてしまうという人がいます。ネット依存は危ないという記事を読み、気をつけないと、と思っているのに、気がつくとスマホをいじって意味もなくあれこれ検索をしているという人も少なくないようです。このような人たちがゲームをしたりネットにアクセスしたりするのに意志の力を要しません。ごく自然にやってしまうのです。能力開発にしろ、健康のための運動にしろ、ごく自然にできるようになったら、どんなに素晴らしいことでしょう。

○習慣形成を重視したジョン・ロック

哲学者のジョン・ロックは、子ども時代の習慣形成をとくに重視しています。負荷をかけることで体力が鍛えられるように、自分の欲望を我慢するというような心の負荷をかけることで心が鍛えられると言います。怠惰な気持ちや安易な気持ちを克服する力は、習慣によって得られるので、できるだけ人生の早いうちから実行して自分のものにすべきだとします。

習慣形成の威力は心理学でも実証されています。子ども時代に自分の中の怠惰な気持ちや安易な気持ちを克服する習慣を身につけてこなかった人は、ここで一念発起して自分が望ましいと思う行動の習慣化にチャレンジしてみたらどうでしょう。いずれ自動化することを夢見て、２週間ほど頑張ってみれば、しだいにラクになっていくはずです。

37

業績目標・学習目標

「できる人」は目標の持ち方がどう違うのでしょうか

○達成目標には2種類がある

営業職の人が、「マーケティングの知識やコミュニケーション力を身につけて営業力を高めたい」と思う場合と、「担当商品をたくさん売って営業成績を上げたい」と思う場合では、努力の方向がずいぶん違ってきます。後者の方が目先の業績は上がるかもしれませんが、長い目で見たら前者の方が力をつけてくるはずです。教育の場でも、心理学の資格取得のために勉強している学生は、試験に出そうな用語を暗記する勉強が中心となり、資格と関係なく心理学を極めたいと思って勉強している学生と比べて、どうしても学びが浅くなりがちです。そこにあるのは、結果を重視するか、自分の能力向上や熟達を重視するか、といった違いです。

そこで参考になるのが、心理学者ドゥウェックが提唱した達成目標理論です。それによれば、達成目標には業績目標と学習目標の2種類があります。業績目標とは、自分の能力を肯定的に評価されたい、あるいは否定的な評価を免れたいという目標のことです。一方、学習目標とは、何か新しいことを理解したり習得したりして自分の能力を高めたいという目標のことです。

○仕事ができる人は学習目標をもつ

業績目標をもつ人物は、自分が周囲から、あるいは上役からどのように評価されるかに強くこだわります。それに対して、学習目標をもつ人物は、自分の能力の向上や成長を強く求めます。その結果、両者の能力開発には大きな違いが出てきます。業績目標をもつ場合、能力を高く評価されたい、できない人物とみなされたくないといった思いが強いため、できそうなことには積極的になれても、ハードルの高い課題や馴れない仕事には躊躇しがちです。周囲からの評価にこだわるあまり、チャレンジ精神が萎縮してしまうのです。一方、学習目標をもつ場合は、必要な知識やスキルを獲得して能力を高めたいと思い、貪欲に学んでいきます。結果にこだわる気持ちよりも、能力を高めたい、成長したいという思いの方が強いため、ハードルの高い課題や慣れない仕事にも、「これも勉強だ」「成長するチャンスだ」と積極的にチャレンジできます。

そして、多くの研究により、仕事のできる人は業績目標でなく学習目標をもつタイプであることが証明されています。ゆえに、部下に課題を与える際には、気持ちを萎縮させないように、結果より熟達や成長を意識させる言葉がけを工夫することが大切となります。

チェックポイント

ビジネスの武器となるポイント、頭の中で整理できていますか。以下の問いに、口頭でよいので簡単に答えてみてください。自信がないときは、もう一度該当箇所を読み直しましょう。

- ☑「やりたいことがわからない」という部下や後輩に対して、あなただったらどんなアドバイスができますか
- ☑「モノの時代」から「心の時代」への変化を説明できますか
- ☑あなたにとってのワークバリューは何ですか
- ☑あなたがとくに興味が強いのは、職業興味の6つの要素のうちのどれですか
- ☑あなたにとってのキャリア・アンカーは何ですか
- ☑偶然の出来事や状況をキャリアに活かすために未決定の心理状態を肯定的にとらえ直すとは、どのような意味でしょうか
- ☑加齢とともに衰える知能と伸び続ける知能、それぞれの特徴を説明できますか
- ☑AIの時代にEQがとくに重要になるのはなぜか、説明できますか
- ☑ビジネスのみならず人生の成否を左右するEQの核となる自己コントロール力、それにはどんな能力が含まれますか
- ☑「こうすればいい」とわかっていてもできない理由を結果期待と効力期待で説明できますか
- ☑自己効力感を高めるための4つの方法とは何でしたか
- ☑業績目標と学習目標の違いを説明できますか

第4章

[やる気の心理学]

モチベーションの高め方を知る

38 達成動機

やる気のある人はどんな心理傾向を示すのでしょうか

○やる気のある人とない人——そこにあるのは達成動機の違い

学生時代に勉強でも部活でもやる気満々の人もいれば、まったくやる気のない人もいたはずです。就職しても同じで、どんな職場にも、全力で働いているやる気に満ちた人もいれば、まったくやる気がなく適当に流している人もいるものです。そして、お互いに向こうがなぜそんなにしゃかりきに働くのか、あるいはなぜそんなにだらだらしているのかが理解できません。そこにあるのは達成動機の違いです。達成動機とは、困難を乗り越えてものごとを成し遂げたいという欲求のことで、これが強い人と弱い人がいるわけです。

人間の欲求についての探求を行った心理学者マレーは、達成動機の強さを測定するための10項目からなるチェックリストを作成しています。あてはまる項目が多いほど達成動機が強いことになります（わかりやすいように私が表現を部分的に修正しています）。あなた自身が、あるいは身近な気になる人物が、どの程度あてはまるか、チェックしてみてください。

○達成動機のチェックリスト

①たえず努力を続けている
②人生において大きな業績を残すことが何より大切なことだと思う
③仕事上で大きな成果を出したときに気持ちの平安や自信が得られる
④無理な計画を立て、その達成に向けて努力するほうだ
⑤将来を夢みるよりも、目の前の仕事に全力を傾けるほうだ
⑥切羽詰まってくると、自分の仕事に集中するあまり、他人への配慮がおろそかになりがちなところがある
⑦価値ある仕事をうまく成し遂げたときに、はじめて心から安らぐことができる
⑧何かにつけて競争心を刺激されるほうだ
⑨何かにつけて納得のいく結果が得られるまで頑張り続けるほうだ
⑩仕事も遊びと同じように楽しい

もし、ほとんどの項目があてはまらない場合は、達成動機が著しく弱いことになります。そのままでは仕事ができるようになるのは難しいので、この章の各項目を参考に、自分にとってのやる気のスイッチを見つけてください。

39 上方比較・下方比較 なぜ仕事ができないのに自信満々なのでしょう

○下方比較はどんなときも自己満足をもたらす

あまり仕事ができない人がなぜか自信満々なのに対して、仕事で成果を出している人がなぜか自信なさげで、周囲の人たちが首をかしげることがあります。その理由のひとつに、前者は下方比較をするクセがあり、後者は上方比較をするクセがある、ということがあります。

下方比較というのは、自分より劣る人と比べることを指します。これは、自己高揚動機に基づいて行われるもので、劣った比較対象のせいで優越感や自分に対する満足感が得られます。自分よりできない人物と比べることで、「自分の方がずっとよくできる」と思えるし、うまくいかなかったときも、「あいつよりはマシだろう」と思えるため、自信を保つことができます。努力せずに自信を保つコツが下方比較をすることですが、一見自信満々で「仕事ができる人風」な人は、この心理戦略を無意識のうちに使っているものです。そのため、本人としては自信はあるのですが、力をつけるための地道な努力が抜けているため、どうしても成長していけず、残念な人ということになりがちです。

○上方比較は向上心を刺激する

一方、上方比較というのは、自分より優れた人と比べることを指します。これは、自己改善動機に基づいてなされるものであり、優れた比較対象は、「あんなふうになりたい」という目標としての意味をもちます。自分より優れた人と比較することで、「自分は、まだまだだ」といった思いに駆られ、優れた人を意識するたびに、「もっと頑張らないと」と思わざるを得ないため、向上心を燃やし続けることができます。下方比較に自信を保つ効果があるとすれば、上方比較には向上心を刺激する効果があります。ほんとうに仕事ができる人、あるいは「できる人」になるための成長軌道に乗っている人は、無意識のうちに上方比較をしているものです。

成果が出せなかったり、失敗が続いたりして、自尊心が傷つきそうなとき、自分より劣った人物と比較することで気持ちの落ち込みを防ぎ、自尊心の維持をはかる。それが下方比較の効用であり、傷ついたときの一時的な対処法としては有効ですが、これにばかり頼っていると、成長路線からいつの間にか逸れていってしまいます。ふだんから、「自分の方がマシだ」といった思いを感じることが多いという人は、下方比較のクセがないかどうか、振り返ってみましょう。成長していく人は上方比較をするクセがあるので、そこのところを意識するように心がけましょう。

40 心理的報酬 不遇でもやる気を失わない人の心の内は？

○報われないときにもやる気を失わない？

一所懸命に工夫して納得のいくプレゼンができたと思ったのに、ライバル社とネームバリューが違いすぎて、受注できないというようなことが続くと、モチベーションが低下し、仕事が適当になってしまうものですが、相変わらず頑張り続けられる人もいます。上司と折り合いが悪く、成果を出しているのに評価してもらえないときなど、やる気をなくしてしまうものですが、上司の評価などに左右されずに前向きに仕事に取り組んでいける人もいます。業界全体が縮小傾向にあり、会社の業績が低迷し、頑張っても給料が上がらないどころかボーナスが減っていく状況で、モチベーションが低下するのがふつうなのに、モチベーションを高く維持できる人もいます。このような人は、報われない状況の中、どうしてモチベーションを高く維持できるのでしょうか。

そこで考えなければならないのは、報われるか報われないかの基準です。多くの人は、商品が売れた、企画が通った、上司から高く評価してもらえた、昇格した、昇給した、ボーナスが増えた、などといった外的成功が得られたときに報われたと実感します。逆に言えば、そのような外的成功にとらわれているかぎり、右にあげたような状況でモチベーションを維持するのは難しいでしょう。そのような状況でも頑張り続けられる人は、外的成功にあまり価値を置いていないのです。

○内的報酬に価値を置くからこそ、どんなときもモチベーションを維持できる

このような違いを整理するのに有効なのが、外的報酬と内的報酬を区別する視点です。外的報酬とは、金銭報酬や地位報酬など、人や組織から与えられる報酬のことです。それに対して、達成感とか充実感とか仕事そのもののやりがいとか、自分の内側から込み上げてくるような報酬が内的報酬です。外的報酬に価値を置いている人は、頑張っても給料が上がらないときや評価してもらえないときにはモチベーションが下がってしまいますが、内的報酬に価値を置いている人は、そんなことには関係なく仕事に没頭することができます。

高度経済成長期には、頑張って働けば給料が上がるし昇進もするという形で外的報酬に価値を置く人も報われましたが、低成長時代になると分配すべき経済的資源も増加せず組織も収縮気味で、金銭報酬や地位報酬でモチベーションの維持・高揚をはかるのは難しくなっており、組織の側も個人の内的報酬をアピールする必要が生じています。

41 X理論・Y理論 人間はアメとムチで動かせるものなのでしょうか

○アメとムチによるマネジメントの限界

昇給すればやる気も高まり、減給になればやる気が失せる。それはだれにもあてはまる原理でしょう。20世紀半ばにおいては、多くの企業のマネジメントはアメとムチによるものでした。それは、マズローの欲求の階層説でいえば、生理的欲求および安全の欲求に対応するものです。このようなマネジメントのことを心理学者マグレガーはX理論と呼びました。X理論は、人間は生来怠け者で、アメとムチによって駆り立てないとちゃんと働かないという前提に立っています。

しかし、人間には自律や責任を求める気持ちもあり、管理され、命令されるだけではモチベーションが上がらず、自分の裁量権を与えられ、任されることでモチベーションが上がるといった面もあります。与えられたやり方にただ従うだけでなく、自分なりに知恵を絞って創意工夫することが充実感につながることを考えると、アメとムチのX理論では限界があることになります。マグレガー自身、アメとムチの理論は、一応の生活水準に達し、生理的欲求や安全に対する欲求より高い次元の欲求がやる気を起こす原動力となったときには、まったく効き目がなくなってしまうとしています。

◯人間の成長欲求を重視する方向へ

生理的欲求や安全の欲求が適度に満たされ、それらがモチベーションの原動力にならなくなり、X理論では従業員を動かすことができない時代に有力視されるようになったのが、マグレガーがY理論と名づけた考え方です。Y理論は、人間には自ら進んで自分にムチを打って働く面があるといった視点に立ちます。そこで想定されているのが、マズローの欲求の階層説では上位に位置づけられている承認と自尊の欲求や自己実現の欲求の充足です。

このようにY理論は、人間は自ら成長を求めて動くものであることを強調します。経営者が従業員の能力をうまく活用できないのは、従業員の人間性の問題ではなく、その能力を引き出す手腕が経営者にないからだとみなします。その後重視されるようになってきた目標管理や職務充実なども、マグレガーのいうY理論の発想に基づくものと言えます。

X理論とY理論を統合するZ理論を提唱したオオウチは、日本企業とアメリカ企業の比較検討を行い、日本的経営はX理論とY理論の長所を併せもつとみなしましたが、今でもこの２つの最適な組み合わせが課題となっていると言えます。

42

外発的動機づけ・内発的動機づけ

なぜあの人はいつもいきいき仕事ができるのでしょうか

○趣味や遊びに通じる動機が仕事にもある

X理論の問題点は、人間はアメとムチによってしか動かないとみるところにありました。外からの報酬や罰がなくても自ら動く側面を見逃していたのです。そこで注目されたのが内発的動機づけです。心理学者マレーは、探索行動や遊びのように、何ら報酬なしに、活動それ自体のために取られる行動に着目し、外発的動機づけと内発的動機づけを区別する必要があるとしました。

たしかに私たちには、外からの報酬や罰に関係なく動く性質があります。

趣味や遊びは、まさに内発的動機づけによって行われるものと言えます。旅行好きの人が旅に出るのも、スポーツ観戦が好きな人がスタジアムに行くのも、旅行に出ることそのもの、スポーツ観戦そのものが、十分に報酬になっているのであって、人からほめられたりごほうびをもらえたりするから出かけるわけではありません。

○外発的動機づけと内発的動機づけの心理メカニズム

　これをビジネスの場面に当てはめると、生活の糧を得るために働く、マイホームを手にするために働く、旅行とか趣味を楽しむためのお金を得るために働くなどという場合や、業績をあげて認められたい、昇進したいといった動機で仕事を頑張る場合は、金銭報酬や地位報酬が仕事を動機づけていることになります。頑張って売り上げを伸ばした結果、ボーナスがたくさん出れば、「よし、もっと頑張るぞ」という気持ちになるでしょう。頑張った成果が評価され昇進が決まれば、「これまで以上に頑張らねば」という気持ちにもなるはずです。このように、給料・賞与、昇進、賞賛・表彰などの外的報酬によってモチベーションを高めることを外発的動機づけと言います。

　一方、仕事にやりがいを感じるから厳しさにも耐えられる、仕事をしていると自分の成長が感じられる、仕事をしていると時間を忘れ充実したときを過ごせるなどという場合は、やりがい、成長感、充実感が仕事を動機づけていることになります。「できなかったことができるようになることで自分の成長を実感できるのが嬉しい」「仕事はきついし、ストレスにもなるけど、達成感が何とも言えない」というようなことがあるはずです。このように、好奇心、使命感、達成感、責任感、成長感、熟達感、充実感などの内的報酬によってモチベーションを高めることを内発的動機づけと言います。

43 アンダーマイニング効果 なぜ仕事がつまらなくなるのでしょうか

○なぜ勉強嫌いな学生が多いのか

人間は元々は好奇心も成長欲求も強く、幼児などは言葉を覚え始めると、店の名前でも駅の名前でも、読める字があると必死に読もうとし、読めるととても嬉しそうな顔をします。字が読めるようになったのが嬉しくてたまらないのです。それがいつの間にか勉強嫌いになってしまいます。そこには外発的動機づけが絡んでいます。良い成績を取ってほめられるため、ほしいモノを買ってもらうため、試験に受かるためといった目的を意識しながら勉強することで、勉強は他の目的のための手段となってしまい、学ぶことの喜びが奪われていくのです。

外的報酬が内発的動機づけの低下をもたらすことは、多くの心理学実験によって証明されています。心理学者ディシは、面白いパズルをたくさん用意し、パズル好きの大学生たちを2グループに分けて、3日間にわたる実験を行いました。Aグループは、1日目と3日目は好奇心のままにパズル解きを楽しみましたが、2日目だけパズルを1つ解くたびに金銭報酬をもらえました。Bグループは、3日間とも好奇心のままにパズル解きを楽しみました。その結果、Aグループのみ、３日目にパズル解きへの意欲が低下したのです。外的報酬を意識することによって、楽しかったはずのパズル解きも、報酬を得るための単なる手段に成り下がってしまったというわけです。

○外発的動機づけの弊害――アンダーマイニング効果

このように、元々自発的に行っていたことであっても、外的報酬を与えられることによって内的報酬が機能しなくなり、やらされているといった感じになり、外的報酬が与えられないとやる気がしなくなってしまうのです。仕事そのものにやりがいを感じていた人も、給料・ボーナスや昇進といった外的報酬をあまり意識しすぎると、仕事はそうした報酬を得るための単なる手段となり、働くことは内発的に動機づけられた行動から外発的に動機づけられた行動へと変質してしまいます。これをアンダーマイニング効果といいます。

仕事が楽しいという人が羨ましいという場合は、給料や昇進といった外的報酬ばかりを意識して仕事をするといった姿勢をとっていないか振り返ってみましょう。それでは仕事がつまらないのもやむを得ないでしょう。できないことができるようになったとき、とても嬉しかったはずです。仕事がうまくできるようになったときの熟達感や、ひと仕事終えたときの達成感は、喜びや満足感を与えてくれたはずです。そうした初心に返ってみるのもよいでしょう。

44 やりがい搾取 外発的動機づけにこだわるのはいけないのでしょうか

○内発的動機づけを悪用する経営者たち

定時に帰れることがなく、休日出勤まであり、私生活がないどころか疲れが取れず、慢性疲労状態になり、たまらずに上司に疑問をぶつけると、「家でのんびりする方が、そりゃラクでしょうけど、ラクだったらいいんですか。苦しさを乗り越えてこそ、働くことの喜びが味わえるのではないでしょうか」と言われたという人がいます。残業が多いだけでなく、ほとんどがサービス残業になっているので、それについても不満を口にしたところ、「お金のためだけに働くなんて、虚しいと思いませんか。モノが溢れる今の時代、だれもが心の充足を求めています。それに、お金のために働くと仕事が好きでなくなることが心理学でも証明されているんです。仕事が楽しい、そう思いたくないですか。限界まで頑張って、やり遂げたという達成感を得る。そんな感動を一緒に味わってみませんか」と高揚した調子で言われ、妙に納得してしまったと言います。似たようなことを言われて、その場では「なるほど」と思ったものの、うまく言いくるめられたような気がして、やっぱり納得がいかないという人もいます。

たしかに部分的にみれば心理学で証明された心理法則ですが、何事もバランスが大事です。給料や勤務時間といった待遇面が保証された上で内発的動機づけが満たされるのが望ましいのであって、基本的な待遇面が満たされないのでは困ります。そもそも生きていくために働くというのが基本ですから、日々の生活に支障が出るようなら、その働き方は問題と言えます。

○やりがい搾取には気をつけよう

このように心理学を悪用した手法、この場合であれば内発的動機づけを悪用した搾取の構図がそこらじゅうにみられるようになりました。活躍とか輝くとかいった自己愛をくすぐる言葉が世の中に広まり、内発的動機づけによる搾取が行われやすい環境が整っています。そんな時代だからこそ、やりがいを餌にした搾取にあわないように気をつけたいものです。

使命感をもち、やりがいを感じて働くことは、とても大事なことです。ただし、経営者や管理職が「やりがい」をあまりに口にする場合は要注意です。「お金のために働くのは虚しいと思わないか」「どんなに疲れても、限界まで頑張ったときの達成感は何にも代えがたい」「お客さまの笑顔はお金には換えられない、貴重な心理的報酬だ」「お客さまの笑顔があれば、すべての苦労が報われる」などといったメッセージが溢れていたら、とくに警戒すべきでしょう。

45 内的統制・外的統制

結果を決めている要因は自分の内側か外側か、どっちにあるでしょうか

○内的統制・外的統制とは?

あなたは仕事で成功したときや失敗したとき、その原因をどのような要因に求める傾向がありますか。心理学者ロッターは、ローカス・オブ・コントロール（統制の位置）という概念を提起しました。自分の行動の結果をコントロールしている要因が自分の内側にあるか外側にあるかという意味です。それによって内的統制と外的統制にタイプ分けしました。簡単に言えば、成功や失敗の原因を自分の内的要因に帰属させる、つまり自分のせいにするのか、それとも自分以外の外的要因に帰属させる、つまり他人や状況のせいにするかということです。

この原因帰属のスタイルは、個人の中でかなりの一貫性があります。何かにつけて自分の内的要因に原因を求めるクセのある人と、自分以外の外的要因に原因を求めるクセのある人がいます。自分の能力やスキルといった内的要因に原因を求める認知の仕方、つまり自分のせいにする原因帰属の仕方を内的統制といいます。反対に、運や他人の力など外的要因に原因を求める認知の仕

方、つまり自分以外の要因のせいにする原因帰属の仕方を外的統制といいます。

○原因帰属のスタイルがモチベーションに関係する

内的統制型の人は、物事の成否を決めるのは自分自身の能力ややり方だとみなす思考習慣を身につけているため、自分が能力を十分に発揮できれば良い結果が出るはずだ、頑張ればきっと良い結果がついてくるというように、ポジティブな見通しをもちやすく、高いモチベーションをもって行動できます。成功の決め手は能力や努力だと考え、仕事に必要な知識を仕入れる勉強をしたり発想のヒントを得るための情報収集をするなど、自分自身の能力開発に積極的になれます。

一方、外的統制型の人は、物事の成否を決めるのは運や状況や他人の力であって、そこには自分にはどうすることもできない力が働いているとみなす思考習慣を身につけており、無力感に浸りがちなため、モチベーションは低く、自分自身の能力開発にもあまり積極的になれません。自分の努力次第で切り開いていけるといった感覚は乏しく、成果が今ひとつな場合も「取引先に気に入られてないからなあ」などと開き直る傾向があります。

モチベーションが今ひとつという場合は、内的統制か外的統制かという視点でチェックしてみましょう。

46 原因帰属 失敗したとき、あなたは何のせいにしがちですか

○内的統制型にも挫折に弱いタイプがある

前項で、自分のせいにするクセをもつ人がモチベーションが高い傾向がみられることを解説しましたが、ここでひとつ疑問が湧いてきます。何かにつけて結果の原因を自分の内的要因のせいにする内的統制型が、常に自信をもち、高いモチベーションをもって、前向きに頑張っているともいえないのではないかということです。頑張っても思うような成果につながらないとき、自己責任の発想が、「なぜうまくいかないんだろう。自分はこの仕事に向いてないんだろうか」などといった思いを刺激し、かえって落ち込みをもたらし、モチベーションの低下につながるといったケースもみられるはずです。現に、成果が上がっていない人が、「どうせ自分は仕事ができないから」といってやる気をなくしているというのはよくあることです。そうなると、内的統制型とモチベーションの関係をどのように考えたらよいのでしょうか。その疑問に明快に答えてくれるのが心理学者ワイナーによる原因帰属のタイプ分けです。内的統制―外的統制という統制の位置の次元に加えて、固定的―変動的という安定性の次元を設定し、外的要因としての課題の困難

度と運を安定性によって区別し、内的要因としての能力と努力も安定性によって区別しました。

●決め手は失敗したときの原因の求め方

とくに重要なのは、能力と努力の区別です。ワイナーたちが検討したところ、原因帰属のスタイルとモチベーションとの間に密接な関係があることがわかりました。単純化すれば、成功したときは安定的（能力・適性）でも変動的（努力）でもよいので内的要因のせいにして、失敗したときは変動的な内的要因（努力・スキル）のせいにするといった原因帰属のスタイルがモチベーションの高さにつながるというわけです。成功したときは、「自分は能力があるからうまくいったんだ」（固定的）と受け止めても、「自分は努力したからうまくいったんだ」（変動的）と受け止めても、モチベーションの向上につながります。一方、失敗したときは、「自分は能力がないからダメだったんだ」（安定的）と受け止めれば、能力というのはすぐには向上しないため「どうせダメだ」といった気持ちになりモチベーションは下がるでしょうが、「自分は努力が足りなかったんだ」（変動的）と受け止めれば、「もっと努力すればつぎはうまくいくかもしれない」と思えるためモチベーションが上がるはずです。

こうしてみると、ポイントは失敗したときの原因帰属の仕方にあることがわかります。

47 衛生要因 どんな要因が職務に対する不満につながるのでしょうか

○仕事に対する満足の要因と不満の要因は違う？

気持ちよく働ける職場にするには、どんな要因が従業員の満足や不満を生みやすいのかを知ることが不可欠です。心理学者ハーズバーグは、職務に対する不満をもたらす要因と満足をもたらす要因が異なるとし、不満をもたらす要因を衛生要因、満足をもたらす要因を動機づけ要因としました。ハーズバーグによれば、私たちが職務に不満を感じるときは仕事の環境面に関心が向いており、満足を感じるときは仕事そのものに関心が向いています。ゆえに、衛生要因は仕事を取り巻く環境面、動機づけ要因は仕事そのものに関わるものということになります。

ハーズバーグは、衛生要因として、会社の方針、管理の仕方、給与、職場の人間関係、作業条件をあげています。これらのなかに納得のいかないもの、満足できないものがあれば、職務に対して不満を感じるようになるというのです。モチベーション・マネジメントの観点からは、これら衛生要因に関して不満が出ないようにすること、不満があれば極力解消に努めることが必要と言えます。ただし、ハーズバーグは、いくら衛生要因を満たすようにしても、それは不満の解消になるだけで、積極的に職務満足をもたらしモチベーションを向上させることはできないといいます。そこで重要となるのが動機づけ要因です。ハーズバーグは、動機づけ要因として、達成感、他者からの承認、仕事そのものによる満足感、任されることによる責任感、昇進をあげています。これらが満たされることで職務に対する満足感が生じ、モチベーションが高まります。

○人間関係はモチベーションを高める要因ではない？

モチベーション・マネジメントの観点からは、最低限衛生要因を満たすのは必須の条件として、その上で動機づけ要因を満たすように仕事の与え方や業績評価の仕方を工夫する必要があるということになります。なお、ハーズバーグは、職場の人間関係を衛生要因に位置づけていますが、人間関係は職場への不満のもとになるだけでなく、モチベーションにもなるというのは、日本ではよくあることです。関係性を大切にする私たち日本人にとって、職場の人間関係は非常に重要であり、上司の期待に応えなければと思って頑張るとか、職場の仲間との一体感で頑張るというように、職場の人間関係がモチベーション要因となることは珍しくありません。モチベーション理論のほとんどが欧米で生み出されたものであり、それをそのまま異文化である日本に当てはめると失敗することを示す好例と言えます。

48 他者志向性 日本特有の強力なモチベーションとは

○日本では人間関係が強力なモチベーション

前項で指摘したように、日本人には自分のためというより人のため、自分にとって大事な人のために頑張るという傾向があります。そうなるとモチベーション・マネジメントにおいても、上司と部下、あるいは同僚同士など、関係性を良好に保つことが非常に重要となります。当然、欧米流のモチベーション理論を日本向けに修正する必要が出てきます。15項で解説したように、そもそも欧米人と日本人では、自己のあり方が正反対といってよいほどに異なっています。人の意向や期待を非常に気にする日本的な自己のあり方に対して、自主性がないとか自分がないなどと批判されることがありますが、それは欧米的な自己観に基づいた発想にすぎません。恩師の東洋先生は、日本人の他者志向を未熟とみなすのは欧米流であり、他者との絆を強化し、他者との絆を自分の中に取り込んでいくのも、ひとつの発達の方向性とみなすべきではないかと言います。他者から切り離されていた方が成熟度が高いとするのは欧米流の価値観であって、日本流の価値観からしたら、他者を配慮できる方が成熟度が高く、自分の視点からしかものごとを見ないのは自己中心的で未熟と言わざるを得ません。

○他者志向性を活用する

仕事帰りに上司と飲みに行くことが少なくなり、ドライと言われる近頃の若者も、職場の人間関係を非常に重視していることは、就職の条件でも職場の雰囲気が重視され、転職動機としても職場の人間関係が主要なものとなっていることからも明らかです。２０１７年の新入社員を対象に三菱ＵＦＪリサーチ＆コンサルティングが実施した意識調査をみても、「今の会社を選んだ基準」として、「雰囲気がよい」が47・４％で１位となっており、「仕事のやりがいがある」（38・３％）や「業績が安定している」（24・４％）「能力が活かせる」（18・０％）をはるかに上回っています。さらに、「会社に望むこと」としては、「人間関係がよい」が圧倒的な１位となっています。日本能率協会が20代〜60代のビジネスパーソンを対象に実施した意識調査をみても、「健康で働くために効果があると思うこと」として最も多くの人があげたのは、「職場の人間関係を良好に保つこと」（38・９％）であり、圧倒的な１位となっています。このように関係を非常に重視する日本人にとっては、人間関係が最大のモチベーション要因と言っても過言ではありません。モチベーション・マネジメントにおいては、そこを見逃さないようにすべきでしょう。

49 職務充実 モチベーションを高める職務特性とは

心理学者ハックマンとオルダムは、職務というものは有意義感の欲求、責任の欲求、フィードバックの欲求などを満たす必要があるとし、このような欲求を満たす仕事のことを充実した仕事と呼びました。そして、モチベーションを高める職務特性として、つぎの5つの要素をあげています。

○職務充実の5つの要因

①**多様性**——単調な仕事でなく、多様な操作やスキルが必要だったり、変化があったりすること
②**完結性**——部分的な作業をするのみで全体が見渡せないということがなく、仕事全体を見渡すことができ、自分の仕事の位置づけができること
③**重要性**——社会的意義がわかるなど、やっている仕事の重要性や有意味性が感じられること
④**自律性**——命じられるままに作業をするというのでなく、自ら計画を立てたり、方法を工夫したり、自律的に取り組めること
⑤**フィードバック**——自分の仕事の結果がわかり、今後の改善のための有益な情報が得られる

こと

このような特性をもつ仕事が職務満足をもたらしやすい充実した仕事ということになります。

○職務を充実させる工夫

ある企業では、右の５つの職務特性について高く評価する従業員ほど仕事へのモチベーションが高く、職務態度も好ましいことを見出しています。５つの職務特性のなかでも、とくに自律性とフィードバックがモチベーションに強い影響力をもっていました。別の企業では、自律性と責任の度合いを操作し、それらが業績に与える効果を測定した結果、責任を増やすことで、設定する自己目標が高まり、達成へのコミットメントも上昇し、個人の業績も高まることがわかりました。さらに別の企業では、充実度の高い職務ほど、従業員の満足度や業績が高く、欠勤率が低いことがわかりました。

職務充実がモチベーションを高めるとはいっても、仕事の性質によって、どの要因に改善の余地があるかが異なってきますし、どのような充実の仕方があるかも違ってきます。職場ごとに具体的な職務充実の方向性を模索し、モチベーションが高まるような職務改善を試みる必要があるでしょう。

50 成功追求動機・失敗回避動機

成功と失敗、あなたはどっちが気になりますか

失敗を恐れる程度には個人差がある

リスクを怖れず難題にチャレンジする無謀とも思えるほど積極的な人がいるかと思えば、なかなかリスクを取る覚悟ができない慎重な人もいます。その違いはどこにあるのでしょうか。そこにはどんな心理メカニズムが働いているのでしょうか。心理学者アトキンソンは、達成動機（成功追求動機）に対して回避動機（失敗回避動機）というものを想定し、この2つの力関係によって課題遂行への姿勢が決まると考えました。だれの心の中にも成功したいという思いがあると同時に、失敗を避けたいという思いがあるものですが、そのバランスが人によって違います。そのどちらがより強いかによって、積極的にチャレンジしようとするか、チャレンジを躊躇するかに分かれるのです。じつは、失敗回避動機が強い人と弱い人では課題へのモチベーションのメカニズムが正反対になることが、多くの研究によって証明されています。

○タイプによって課題の与え方を工夫する

成功追求動機の方が強い人は、成功確率が五分五分のチャレンジングな課題に対してモチベーションが高まり、失敗回避動機の方が強い人は、成功確率が0か1に近い課題のときにモチベーションが高まります。つまり、失敗を怖れないタイプは、うまくやれば達成できるというときにチャレンジ精神が刺激され、モチベーションが高まりますが、だれでも簡単にできそうな課題ではやる気になれません。失敗を怖れるタイプは、絶対にうまくいくと思えるときはモチベーションが高まりますが、チャレンジ性のある課題は失敗の不安を喚起するため、やる気になれません。失敗して当然と思えるときは、失敗への不安が低下し、モチベーションを維持できます。

したがって、モチベーション・マネジメントとしては、失敗をあまり怖れないタイプに対しては、チャレンジしがいのある多少難しい課題を与えるようにするのが望ましく、失敗を極度に恐れるタイプに対しては、本人の実力で確実にこなせそうな課題を与えるようにすべきでしょう。失敗への不安を刺激しないように配慮するのがポイントです。後者に関しては、知識の吸収やスキルの上達のためのヒントを与えたり、熟練者の経験談を伝えるなどして、「やればできる」という気持ちを鼓舞するというのが有効でしょう。行き詰まったときのためのサポート体制を確立しておくことも、主観的成功確率を高めるのに役立ちます。

51 自動動機理論 無意識のうちにモチベーションを高める方法とは

○人を評価する際、無意識のうちに環境条件の影響を受けている

交渉ごとには人物の印象が影響します。提示された条件が一緒でも、提示する人物の印象によって判断が違ってくることは十分あり得ることです。だからこそ商談の際には、だれもが印象マネジメントに気をつかうのです。商談をするには雰囲気の良い店や落ち着いた場所を探すのがよいと言われますが、それにはどんな意味があると思いますか。

快適な部屋（室温20℃、湿度30％）と不快な部屋（32℃、60％）を用意し、知らない人物の印象を評価させる実験では、快適な部屋で評価した人たちの方が、不快な部屋で評価した人たちよりも、明らかに好印象を抱いていました。快不快は部屋の条件のせいであって、評価対象の人物のせいでないのは、だれでもすぐにわかることなのに、部屋の快適さによって人物の評価が違ってきてしまうのです。ここから言えるのは、私たちは無意識のうちに物理的環境条件の影響を受けて人を評価しているということです。好きな音楽が流れているときは、そうでないときよりも、人に対する評価が好意的になるという実験結果もあります。

こうしてみると、快適な環境を用意すると商談がうまくいきやすいというのは真実で、その理由は、環境による快適さを交渉相手の印象に結びつける勘違いが起こるからと言えます。

●無意識のうちにモチベーションが上がるとき

最近の心理学の研究では、環境刺激によって無意識のうちにモチベーションが刺激される心理メカニズムがバージの自動動機理論によって盛んに研究されています。たとえば、交渉時に硬い椅子に座ると、柔らかい椅子に座る場合より強硬な姿勢を取り、なかなか妥協しないことが証明されています。熱いコーヒーカップをしばらくもっていると、冷たいアイスコーヒーのグラスをもっていたときより、人に対して「温かく」、好意的な印象を抱くことも証明されています。商談を成功させるには、快適な物理的環境を用意することがいかに重要かがわかるでしょう。

また、「完成」「成就」「格闘」「勝利」「成功」「努力」などモチベーションに関連した言葉を探すゲームをすると、無意識のうちにモチベーションが高まり、モチベーションと関係しない言葉を探すゲームをした場合よりも、その後の課題のパフォーマンスが高いことも示されています。ここから言えるのは、仕事へのモチベーションを高めるには、仕事環境にモチベーションを刺激する言葉や達成目標などを散りばめておくことも効果があるということです。

チェックポイント

ビジネスの武器となるポイント、頭の中で整理できていますか。以下の問いに、口頭でよいので簡単に答えてみてください。自信がないときは、もう一度該当箇所を読み直しましょう。

☑やる気のある人のもつ高い達成動機の特徴をいくつかあげることができますか

☑上方比較と下方比較を「やる気」に結びつけて説明できますか

☑不遇でもやる気を失わない人が感じている心理的報酬とは何か、説明できますか

☑外発的動機づけと内発的動機づけの違いを説明できますか

☑お金を意識しすぎると仕事がつまらなくなるアンダーマイニング効果について説明できますか

☑やりがい搾取とはどういうものか、説明できますか

☑失敗すると落ち込みモチベーションが下がる人と、失敗してもモチベーションを維持できる人、その違いを原因帰属のスタイルで説明できますか

☑職場への不満を生みやすい衛生要因には、どのようなものがありますか

☑日本特有の強力なモチベーションとは何ですか

☑職務充実のためにできる工夫をあげてください

☑成功追求動機と失敗回避動機について説明できますか

☑無意識のうちにモチベーションを高める自動動機について、具体例をあげて説明できますか

第5章

[リーダーの心理学]

組織運営はどうしたらうまくいくのか

52 影響力の基盤 どうしたら人望が得られるのでしょうか

学ぶことのない上司のもとで働くのは淋しいし、人間的に尊敬できない上司には心から従う気になれません。そこで考えてみたいのが、人はどんな上司に従いたいと思うかということ、つまり影響力の基盤です。心理学者レイヴンは、影響力の基盤を以下の6つに分類しています。

○影響力には5つの基盤がある

①**報酬勢力**――昇給やボーナスの高い査定、昇進や表彰、配置転換で希望を叶えるなど、金銭報酬、地位報酬、やりがいといった報酬を与える力をもつことに基づく影響力

②**強制勢力**――昇給見送りや減給、賞与の低い査定、昇進見送りや降格、処分、左遷など、金銭、地位・名誉、やりがいなどの面において、罰を与える力をもつことに基づく影響力

③**正当勢力**――地位関係や役割関係により、影響力の与え手が自分に影響力を及ぼすのは当然のことだと受け手が認識していることに基づく影響力

④**準拠勢力**――影響力の受け手、たとえば部下の側の好意的感情と心理的一体感に基づく影響力

⑤**専門勢力**――影響力の与え手がある領域において経験が豊かで、専門的な知識やスキルが自

分より上であると受け手が認めることに基づく影響力

⑥情報勢力――影響の与え手が情報通であり、有用な情報にアクセスできることに基づく影響力

○準拠勢力と専門勢力をもつのが理想

報酬勢力も強制勢力も、有無を言わさぬ影響力として迫るもので、部下は納得のいかない場合も仕方なく従いますが、心から納得したわけではないため、心理的反発が予想されます。正当勢力も、「仕方なく」といったニュアンスが漂います。一方、準拠勢力は、「この人のようになりたい」といった同一視を基礎としており、好意的感情と心理的一体感があるため、「無理やり」とか「仕方なく」といった感じではなく、影響力の受け手の側から喜んで指示や注意を受け入れます。専門勢力も、「無理やり」とか「仕方なく」といった感じはありません。情報勢力は、ＩＴの時代になって重要度を増しています。上司が部下に対して報酬勢力や強制勢力、あるいは正当勢力をもつのは当然として、それだけだと仕方なく従っているといった感じになり、形だけは指示通りに動いても、目の届かないところでは適当に手を抜くとか、最低限の義務は果たすけれども気合いが入らないというようなことになりがちです。頼れる上司になるには、専門勢力や情報勢力は必須ですが、できることなら準拠勢力ももちたいものです。

53 PM理論 リーダーシップに必要な2つの要素とは

リーダーには2つの機能を発揮することが求められます。それは、課題遂行を志向した行動とメンバー同士の関係形成を志向した行動です。代表的なリーダーシップ論として、心理学者三隅二不二によるPM理論があります。P機能とM機能、それぞれつぎのような行動を指します。

○目標達成機能（P機能）の基本的要素（Pはパフォーマンスの頭文字）

①目標を明確化し、部下に目標をたえず意識させる
②目標達成のための計画を立てる
③部署としての方針を決め、それを徹底させる
④目標達成のための方法を具体化し、それを部下にしっかり理解させる
⑤部下に役割を割り振り、それぞれの役割分担を明確にする
⑥部下に行動の開始・役割の遂行を促す
⑦それぞれの部下の仕事の進捗状況を把握している

⑧目標達成の過程で生じた問題点を明確化し、その対処法についてアドバイスを与える
⑨情報源・アドバイザーとしての役割を果たすべく、専門的知識や技能の習得に励む
⑩それぞれの部下の成果を正確に把握し、正当に評価する

○集団維持機能（Ｍ機能）の基本的要素（Ｍはメンテナンスの頭文字）

①快適かつ友好的な雰囲気の醸成・維持に配慮する
②部下相互の交流を促進する
③部下相互の情報交換を促進する
④少数派にも発言の機会を与えるよう配慮する
⑤内部でいざこざが生じたときは仲裁する
⑥集団の和を乱す部下に対しては適切な対処をする
⑦部下ひとりひとりの意見を尊重し、自主性・当事者意識をもたせる
⑧部下ひとりひとりの気持ちに配慮し、不平・不満に耳を傾ける
⑨悩みや迷いを抱える部下の相談に乗る
⑩部署の代表として、必要なときは他の部署の人たちとの交渉を行う

54 防衛的自己呈示 なぜ部下はすぐに言い訳するのでしょうか

○自己防衛のための印象操作

近頃の若手は言い訳が多くて困る、といった嘆きをよく耳にします。たしかに欧米社会をモデルに自己主張の教育が行われ、ディベート訓練をさせられたり、自己アピールが奨励されたりするため、自己正当化のための言動が目立つということはあります。ただし、だれにも自己防衛の心理があるので、若手にかぎらずだれもが多かれ少なかれ日常的に言い訳はしているはずなので、その心理メカニズムを知っておく必要があるでしょう。

こう見られたいというように、特定の印象を与えるために自分にかかわる情報の与え方を調整するのが自己呈示です。いわゆる印象操作です。その中に防衛的自己呈示というものがあります。否定的印象をもたれてしまう可能性があるとき、それをできるだけ避けようとして行う自己呈示です。防衛的自己呈示としての言い訳には、意図の否定（そういうつもりはなかった）、自由意志の否定（上からの指示や先方からの要請などの強調）、状況要因の強調（そうせざるを得ない状況だった）などの方略が用いられます。あれこれ言い訳をする部下を見苦しく思う気持ちもわかりますが、人間は危機的状況では自己防衛に走る生き物だということは踏まえておきましょう。

○言い訳を助長するようなことをしていないか

若手の不満には、「なぜそんなことになったんだ？」と訊かれたから説明したのに、「言い訳するな」などと言われ、いい加減にしてほしいという気持ちになる、といったことがあります。身に覚えのある人が少なくないはずです。説明を求められたから説明をしたのに、言い訳するなと言われる。それでは不満も出るでしょう。そうした部下の思いを知っておくことも大切です。

もうひとつ大事なのが、説明責任と自己弁護の区別です。日本では自己弁護に走るのは潔さに欠け見苦しいといった感受性があるため、言い訳に自己弁護のニュアンスを感じると、否定的に受け止める傾向があります。しかし、上司としては何が起こっているのか、どういう事情が絡んでいるのかを把握しておく必要があります。「言い訳はするな」などと言っていては、現状把握ができません。ゆえに、まずは言い訳にしっかり耳を傾け、現状を理解することです。事情説明の中に自己弁護的なニュアンスを感じても、人間というのは自己防衛的な生き物なのだということを思い出し、現状把握に徹することです。そういった姿勢が部下の自己防衛の心理を和らげ、事実に即して説明責任を果たせるようになっていくはずです。

55 関係性欲求 今どきの若者は上司とのかかわりを嫌うのでしょうか

○若い世代でも人気の人情上司

統計数理研究所が5年ごとに実施している日本人の国民性調査に、「給料は多いが、レクリエーションのための運動会や旅行などはしない会社」と「給料はいくらか少ないが、運動会や旅行などをして、家族的な雰囲気のある会社」のどちらがよいかという質問項目があります。最新の2013年の結果をみると、過半数の57％が後者の「家族的な雰囲気のある会社」の方がよいと答えています。20代の傾向をみてみると、家族的な雰囲気のある会社の方がよいという人の比率は、2003年35％、2008年45％、そして2013年48％と年々増えています。職場の雰囲気、職場での人間的なふれあいを金銭報酬より重視するという傾向が若い世代でも強まってきているのです。「上役と仕事以外のつき合いはなくてもよいと思うか、あったほうがよいと思うか」では、「あったほうがよい」が2003年55％、2008年58％、2013年65％と漸増傾向にありますが、驚くべきは20代の若者のデータで、2008年65％、2013年72％と「あったほうがよい」が著しく増加し、ついに7割を超えました。「規則を曲げてまで無理な仕事をさせることはないが、仕事以外のことでは人の面倒を見ない課長」と「ときには規則を曲げて無理な仕事をさせることもあるが、仕事以外でも面倒見がよい課長」のどちらに仕えたいかについて、20代の若者でも、２００３年72％、２００８年76％、２０１３年73％と、圧倒的多数が後者のいわゆる人情上司を好んでいるのです。

○ますます強まる関係性欲求

他者志向性の項（48項）においても、最近の若者は就職にあたって会社の雰囲気を最も重視し、人間関係の良好さを会社に最も強く求めているといったデータを紹介しました。このように元々日本では職場の人間関係が重視されていましたが、近年ますます関係性欲求が強まっています。合理的になってきていると言われる若い世代も、じつは労働時間や賃金より職場の人間関係を重視することを示すデータもあります。そうなると、欧米流のビジネス理論は日本には当てはまらず、従業員のモチベーションも職場の人間関係に大きく依存していることがわかります。それがときにやりがい搾取につながったりもするわけですが、人間関係を居場所にする日本的特性は組織運営において無視できない要因といってよいでしょう。

56

リーダーシップのライフサイクル論

集団の成熟に伴いリーダーシップをどう変えたらよいでしょうか

○リーダーシップスタイルは相手に合わせて変えていく

起業した当初はうまく引っ張っていたのに、事業が軌道に乗り、安定してくると、部下たちの不満が多くなり、職場の雰囲気が悪くなって、みんなのモチベーションが下がり、自分のリーダーとしての資質に自信をなくした。そんな悩みを口にする人がいます。それは集団の成熟度によって適したリーダーシップスタイルが違ってくることに気づいていないのです。事業が軌道に乗ってからは、起業した頃とはリーダーシップスタイルを変えていく必要があります。では、どのように変えていったらよいのでしょうか。そこで参考になるのは、心理学者ハーシーとブランチャードによるリーダーシップのライフサイクル論です。

ハーシーとブランチャードによれば、集団の成熟度が低い第1段階では、指示的な行動を中心とした教示的リーダーシップスタイルが有効です。多少仕事に慣れてきた第2段階では、指示的な行動が中心とはなるものの、メンバーの気持ち面の配慮もする説得的リーダーシップスタイルが有効となります。さらに集団が成熟した第3段階では、メンバーの仕事力は高まっているため、指示的な行動を減らし、メンバーのモチベーションを高めることを重視する参加型リーダーシップスタイルが有効になってきます。集団の成熟度が最高度に達した第4段階では、メンバーの自主性や自立性を尊重し自由裁量の部分の多い委譲的リーダーシップスタイルが有効となります。

○集団だけでなく、個人の成熟度にも対応する

どうでしょうか。あなたが引っ張っている集団の成熟度に応じたリーダーシップが取れているでしょうか。リーダーシップのライフサイクル論は、リーダーが自分自身のマネジメントスタイルを振り返る上でとても参考になります。

部下たちの混乱を招いたり不満を感じさせたりしないためには、集団全体の成熟度のみならず、部下ひとりひとりの能力状態に合わせてリーダーシップスタイルを柔軟に切り替えていく必要があります。たとえば、知識面や技術面、段取り面など、まだ不慣れな部下には、明確な方向づけや指示を中心としたリーダーシップを発揮して、多少強引であってもグイグイ引っ張っていく必要があります。一方で、習熟している部下には、徐々に自由度を高め、少しずつ権限を委譲し、責任をもたせ、自覚と自主性を促すことで、モチベーションを高めることが必要になります。

57 変革型リーダーシップ

変動の激しい時代にふさわしいリーダーシップとは

○業務処理型から変革型へ

かつてのように産業構造が安定していた時代であれば、組織としてめざすべき方向ははっきりしており、部署としてすべきことも明確なため、日常業務を滞りなく、能率的にこなしていくように促す業務処理型のリーダーシップが求められました。しかし、ＩＴ化により産業構造がめまぐるしく変動する時代となり、組織としての動きも臨機応変に修正していく必要があります。そんな時代には、業務処理型のリーダーシップでは対応できません。部下に与えた課題の遂行を促すだけでなく、どんな課題を与えるかも絶えず見直していかなければならないからです。そこで求められるのが変革型リーダーシップです。ゴールに向けて部下を駆り立てるのが従来型のリーダーシップに対して、どこにゴールを設定すべきかを絶えず検討し、最適のゴールに向かえるように柔軟にゴールを修正していきます。そのためには、以下のような視点が必要となります。

①組織の中だけでなく、組織を取り巻く環境にも目を向ける
②技術革新がもたらす人々のライフスタイルや欲求の変化に目を向ける
③組織の発展のためにめざすべき方向性についてのビジョンをもつ
④慣習にとらわれずに、組織の発展のために必要な組織変革に目を向ける
⑤組織内の人間関係も大切だが、大きな視野に立って決断する

○変革型リーダーシップの構成要素

心理学者バスは、変革型リーダーシップの構成要素として、「カリスマ性」「意欲を刺激すること」「知的刺激を与えること」「個別に配慮すること」の４つをあげています。

このなかのカリスマ性があれば、変革型リーダーシップは有効に機能する可能性が高まります。そのためには、だれもが納得いくような説得力のあるビジョンを提示することが必要です。人間というのは変化を嫌う保守的な面を強くもっているので、変革に目を向けさせるには、大きく心を揺さぶる必要があります。本気で仕事に取り組んでいるという情熱と気迫が漂っていないと、何を言っても人の心を揺さぶることはできません。その意味でも、変革型リーダーには他を圧倒するような本気モードが不可欠です。狂の域に達するような組織の変革と発展への情熱です。

58 ピグマリオン効果 伸びない部下に期待をしていますか

○人は期待されると伸びる

期待することの効果は、ピグマリオン効果という用語で広く知られていますが、関係性が重要な意味をもつ日本の組織では、上司が部下に期待することの効果は大きいと考えられます。

ピグマリオン効果とは、期待する方向に相手が変わっていくことを指します。元々は、心理学者ローゼンタールが小学校を舞台に行った実験で、「この生徒たちは知能が高いからこれからぐんぐん伸びるはず」と信じ込まされた教師たちの期待の視線を感じ、その生徒たちの成績が実際に他の生徒たちよりも伸びたことに対して、ピグマリオン効果と名づけたことに発します。ほんとうは知能テストに関係なく、ランダムサンプリングで選ばれた生徒たちであったにもかかわらず、知能が高いと信じ込まされた教師たちの期待ゆえに、ほんとうに伸びてしまったのです。その後の研究によれば、伸びるとされた生徒とその他の生徒に対する教師の態度に違いがあり、前者に対しては明らかに期待していることがわかるような言動がみられました。それを生徒は肌で感じ、期待に応えるべく頑張ったというわけです。

○ピグマリオン・マネジメント

それをヒントにしたのがピグマリオン・マネジメントです。リビングストンは、マネジャーの期待が部下や部署のパフォーマンスに与える影響に関する事例により、つぎのような事実が明らかになってきたと言います。

①マネジャーが部下に何を期待し、またどのように扱うかによって、部下の業績と将来の昇進がほとんど決まってしまう

②優れたマネジャーは、「高い業績を達成できる」という期待感を部下に抱かせる能力をもつ

③無能なマネジャーは、このような期待感を植えつけることができず、その結果、部下の生産性も向上しない

④部下は部下で、自分に期待されていると感じていることしかやらない傾向が強い

初年度に会社から期待されたことと5年後の昇進との相関は0・72となり、両者の間に非常に強い関係があることを見出した研究もあります。したがって、モチベーション・マネジメントとしては、上司が部下に対して、期待の視線を投げかけ、期待していることが伝わるような声がけを心がけることが大切と言えます。

59 社会的手抜き

集団作業にみられがちな手抜きを防ぐにはどうしたらよいでしょうか

○集団に埋没するとつい手を抜いてしまう

集団作業になると、つい手を抜いてしまう。そんなことはないでしょうか。どうも集団の中に埋没すると個々のメンバーのパフォーマンスが低下することが多いようです。そこで着目したいのが、社会的手抜きという現象です。リンゲルマンは、綱引きをする際に、集団で行うときの引く力は、個人の引く力の合計より少なくなることを発見しました。ひとりで綱引きをさせて、限界まで必死に引かせたときの力を100とすると、2人で引かせたときの平均は93、3人で引かせたときの平均は85と、人数が増えるほど1人あたりの引く力は減少し、8人になると平均が50を割ってしまうことがわかったのです。心理学者ラタネも、思い切り大声を出させる課題や精一杯拍手をさせる課題を用いて検討し、一緒にやる人数が増えるほど1人あたりの努力量が減ることを証明しました。こうしてみると、社会的手抜きというのは、個人がモチベーションの高い人物か低い人物かに関係なく、人間すべてにあてはまる普遍的現象だということがわかります。集団になると、だれでも１人だけで取り組むときほどの努力量にならないのです。

◯どうしたら社会的手抜きを防げるか

では、社会的手抜きを防ぎ、ひとりひとりの力を十分に発揮させるにはどうしたらよいでしょうか。心理学者釘原直樹は、社会的手抜きの防止法として、つぎの４つをあげています。

①個人の貢献度がわかるようにする
②課題に対する自我関与度を高める
③他者に対する信頼感をもつ
④集団全体のパフォーマンスの変動についての情報が成員個々に与えられる

個人の貢献度がわかるようにするというのは、集団に埋没するのを防ぐための最も効果的な方法と言えるでしょう。モチベーションの低いタイプは、個々の貢献度がわからないとさぼりやすくなります。モチベーションの高いタイプも、個々の貢献度がわからないと、必死に頑張っても適当にやっている連中と一緒にされると思えば、意識せずとも努力量は減ってしまうでしょう。

課題に対する自我関与度を高めるというのは、メンバーがチャレンジしたくなるような目標を与えるなどの工夫をすることです。

60 同調圧力 全会一致はなぜ危ういのでしょうか

●「みんな」の判断に引きずられる

組織が重要な方針を決定する際には、みんなで知恵を絞り、あらゆる角度から十分に検討する必要があります。ところが、日本の組織の会議では、全会一致を理想とするようなところがあるため、異論を唱えにくい雰囲気があります。意見や質問が盛んに出て、すんなりと提案が通らないことを「会議が荒れた」などと言うこと自体、意見や質問はあまり出ないままに通ることが前提とされていることを示しています。そのため、十分な検討が行われないままに愚策が通ったり、失敗が目に見えているアイデアが承認されたりといったことが起こります。組織の不祥事の背景にあるのも、こうした全会一致を理想とする会議の雰囲気です。そこに働いているのが、心理学者アッシュが実験によってその存在を実証した同調圧力です。

アッシュは、7人のサクラを用いた実験により、1人で行ったときには誤答率が1％にもならない簡単な課題でも、サクラが相次いで誤答をすると、サクラの圧力に屈して誤答率が32％に跳ね上がることを証明しました。他人の意向を気にし、気まずくなることを避けようとする日本文化のもとでは、このような同調圧力は非常に強いと考えられます。

○全会一致は異論が許されない雰囲気があったことの証

このような無言の同調圧力の中、参加者の過半数が疑問に思っていた提案や、これは危ないのではと不安を抱いた提案が、「全会一致」で可決してしまう、といったことが起こります。会議でだれも疑問を提起せず、反論もしなかったのに、会議が終わって部屋を出ると、「まさか、あんな提案が通るとは思いませんでしたね」「ほんとに困りましたね」などと歩きながら声をひそめて話す声が聞こえてくる。あなたもそんな場面の経験があるのではないでしょうか。

ここからわかるのは、全会一致というのが極めて疑わしく、何とも危うい決議方式だということです。多様な人間が集まって本気で検討したのなら、異論が出ないわけがありません。人によって視点が異なるのは当然のことで、全員の見解が一致するなどということは、現実にはほとんどあり得ません。それにもかかわらず全会一致で決まったということは、異論を出しにくい雰囲気に支配されていたことの証拠と言えます。疑問に思っても口に出しにくいムードにみんなが感染しているわけですから、誤った方向に踏み出してしまう危険があります。これでは組織としてのリスクマネジメントが機能していないことになります。

61 デビル審理法 どうしたら本気モードの議論ができるでしょうか

○1人でも同調圧力に屈しない人物がいるだけで抵抗しやすくなる

疑問点もしっかり議論して、あらゆる角度から検討することで、愚策が通るのを防ぐことができます。では、同調圧力の影響を受けずにきちんとした議論をするには、どうしたらよいのでしょうか。同調圧力についてさまざまな実験的研究を行っているアッシュは、ひとりでも同調圧力に屈しない人物がいれば、ほんとうの意見を出しやすくなることを実証しています。前項で紹介したものと同様の実験を行い、7人のサクラのうち6人が誤答をしても、残りの1人が正しい答えを選ぶと、集団圧力に屈して誤答をする率は32％から5・5％へと大きく低下することを発見しました。ここから、味方が1人でもいれば、集団圧力に対する抵抗力が一気に高まることがわかります。

そうはいっても、日本の組織では、同調圧力に屈せずに率直に疑問を口にしたり反論したりする人物が出てくることは期待しにくいというのが実情です。

○反対意見をわざと出させて空気を変える

そこで、提案に対して反対意見を述べる役割をあらかじめ特定の人物にあてがっておくことで同調圧力による誤判断を防ぐという方法が考えられます。これが心理学者ワイズバンドが提唱するデビル審理法です。反対意見を述べるデビル役を設定しておくという意味です。それによって、提案に対して賛成意見しか出せないような空気は崩され、提案内容を多角的に検討することができるとともに、他の参加者も疑問点があれば率直に質問や意見を出しやすくなります。

ただし、日本の組織の会議では、意見が続出するということはあまりなく、沈黙が生じがちです。そんな中で、いきなり反対意見だけ出るのも不自然であり、うっかりするとそれによって賛成しにくい空気がつくられてしまいます。したがって、何らかの提案について本気で検討したいというときには、賛成意見を述べる人物と反対意見を述べる人物をあらかじめ用意しておくのがよいでしょう。すぐに意見が出ないときには、両者がつぎつぎに口火を切るのです。どんな提案であっても、そのメリットもあればデメリットもあるはずです。賛成役割担当者は、そのメリットに焦点づけて自分なりの意見を考えておき、反対意見担当者は、そのデメリットに焦点づけて自分の意見を考えておきます。それぞれが会議の場で意見表明をすることで、みんなが賛成の立場からも、疑問を感じる立場からも、率直に意見や質問を出しやすくなります。

62 組織風土 企業不祥事の背景としていつも指摘される要因とは

○風通しが悪く、意見を自由に言えない組織風土

企業不祥事が発覚するたびに疑問視されるのが、なぜそのようなおかしなことがまかり通ってきたのかということです。だれかが勝手におかしなことをやったわけではなく、ちゃんとした手続きを経て会議で意思決定が行われているのです。そこで問われるのが組織風土、いわば組織の雰囲気です。

2011年に、長年にわたる巨額の不正経理が明るみに出たオリンパス事件でも、事件について調査した第三者委員会による報告書によれば、不正に対して異論を唱える雰囲気が社内になかったとし、「風通しが悪く、意見を自由に言えないという企業風土が形成」されていたと指摘しています。そのため、営業実態と比べて高額な買収や、常識を超える巨額の手数料支払いが取締役会にかけられても、十分な検討が行われませんでした（朝日新聞2011年12月7日朝刊）。

第三者委員会の聞き取り調査に応じた当時の役員たちは、担当者を「信頼し切っていた」といい、また当時の副社長が取締役会で買収についての説明をしたときのことについても、「そこまで言

うなら仕方ないかなと思った」といいます。結局、議長である当時の社長から「いいですか」と発言があり、とくに反対もなく承認されたというのです（朝日新聞２０１１年12月７日夕刊）。

○組織改革として行うべきは組織風土の変革

これはけっして特殊な会議のあり方でないことはだれにもわかるでしょう。ちょっと危うい感じがしても、提案者に疑問をぶつけたり反対意見を表明したりするのも何だか気まずいし、ここは提案者に任せるしかないな、といった気持ちで黙っていると、「とくに異議がないようですので、全会一致で承認ということにしたいと思います」という議長の声が聞こえてきて、内心釈然としないまままつぎの議題に移る。どの組織でも、よく見かける光景です。ものを言えないような組織風土では、従業員たちのモチベーションは上がりません。

このようなことがないようにと組織の改革が行われますが、たいていは組織の構造や制度をいじるばかりで、風土を変えるまでには至りません。組織風土というのは、メンバーの思考や行動に無意識のうちに影響を与えます。いくら組織の構造や制度を変えたり整備したりしたところで、その中でどう動くか、制度をどう活かし、規則をどう適用するか、会議をどう運営するかなどは、すべて組織風土しだいと言えます。そこで求められるのが組織風土の変革です。

63 属人思考 組織の意思決定を歪める人的要因とは

○不祥事の元凶は属人思考

組織風土が不祥事を生み出す温床になっていると言われても、自分たちの組織風土に問題があるのかわからない、という声も聞こえてきそうです。そこでチェックすべきは属人思考です。組織的違反の主要な原因は、規定等の整備不良などではなく属人思考であることが、心理学的調査によって明らかになっています。コンプライアンス重視などといって規定等をいくら整備したところで、その運用面に属人思考が無意識のうちに入り込みます。

属人思考とは、心理学的に言うと、「事柄」についての認知処理の比重が軽く、「人」についての認知処理の比重が思い思考です。たとえば、財務の健全性について検討したり、新規案件の収益見通しやリスクについて審議したりする際に、本来はその事案そのものについて検討したり議論したりすべきなのに、だれが責任者か、だれの提案か、だれの実績になるかなど、人間関係に大きく左右されてしまう思考を指します。事案の評価に人間関係的な要素が入り込んでしまうのです。その結果、組織にとってリスクの大きい事案が可決されたり、見過ごすべきでない事柄が黙認されたり、組織にとって大きなチャンスとなり得る事案が潰されたりします。

○組織の属人思考度をチェックする

では、自分の職場が属人思考に汚染されているかどうかは、どうしたらわかるのでしょうか。心理学者岡本浩一と鎌田晶子は、組織の属人思考度をチェックする項目として、つぎの5つをあげています。

①相手の体面を重んじて、会議やミーティングなどで反対意見が表明されないことがある

②会議やミーティングでは、同じ案でも、だれが提案者かによってその案の通り方が異なることがある

③トラブルが生じた場合、「原因が何か」よりも「だれの責任か」を優先する雰囲気がある

④仕事ぶりよりも好き嫌いで人を評価する傾向がある

⑤だれが頼んだかによって、仕事の優先順位が決まることが多い

どうでしょうか。人間関係が重視される日本社会では、どんな組織にも属人思考はつきものですが、あてはまる項目が多い場合は弊害が懸念されるので、注意が必要です。経営側としては、可能な限りの改善策を考えるべきでしょう。

64 集団凝集性 まとまりが良いことの弊害がわかりますか

○結束力を高めるためにライバルを意識させる

集団のまとまり、結束力のことを集団凝集性といいます。心理学者フォーサイスは、集団凝集性を高める要因として、魅力、一体性、チームワークの3つをあげています。魅力というのは、集団のもつ魅力のことですが、メンバー同士がお互いに感じる魅力と集団に留まろうという思いによって決まってきます。一体性というのは、メンバーが感じる一体感のことですが、相互作用や価値観の共有によって生じる集団としてのまとまりや居場所感によって生じるものです。チームワークというのは、目標に向かってまとまって協働していくことですが、目標に向かっていく意欲や自分たちはやればできるという集団としての効力感によって支えられるものです。

集団凝集性が高いことは一般に良いことと考えられています。実際、まとまりがよいことによって集団としても安定するし、メンバーも友好的な雰囲気に浸ることで安心や満足が得られ、居場所感が得られるなど、多くのメリットがあります。集団凝集性を高める方法として、外敵を設定するというやり方がよく用いられます。たとえば、競合するライバル社を意識させることによって、メンバーの一致団結を促すというものです。政府が国民の不満の噴出を避けるために他国の脅威をアピールしたりするのも、そうした心理メカニズムを踏まえてのことと言えます。

○まとまりの強さが不祥事につながる

ただし、集団凝集性が高いことによる弊害も指摘されています。たとえば、内部でかたまってしまい、新たなメンバーを受け入れにくいなど、集団が閉鎖的になりがちです。また、まとまりがよいことで同調圧力が強まり、集団の決定に反対しにくい雰囲気になり、集団の規範から逸脱した行動に対して攻撃的な反応が出やすくなることもあります。

価値観の異なる人たちが異分子として排除されるような組織では、異論を出しにくいため、誤った判断がまかり通ってしまう危険があります。一般には集団としてのまとまりが良い方が成果集団として機能しやすいと考えられますが、それも行きすぎると成果から切り離されたただの仲良し集団になってしまう可能性もあります。そのような弊害を防ぐには、意見の異なる人たちが堂々と意見を表明し、共存できるような組織風土を築いていく必要があります。組織の暴走にブレーキをかけられるのは、主流派でない人たちです。そのような人たちが遠慮なく意見を言えるようでないと、成果集団としての組織の衰退や企業不祥事を防ぐことができません。

65

リスキーシフト　みんなで話し合うと危険？

○みんなで話し合うと、なぜかリスキーな判断に

みんなで話し合えば、個人で検討するよりも妥当な判断ができると思われがちですが、じつは話し合いによる決議には意外な危うさがあります。各自が1人で考えた場合、当然否決すべきと思われる提案が、みんなで話し合っているうちに、なぜか通ってしまうということが起こります。このような現象をリスキーシフトといいます。

心理学者ワラックたちは、魅力的だがリスクのある選択肢と、リスクはないがあまり魅力的でない選択肢を用意し、どちらかを選択させる課題で、個別に判断させる場合と集団で話し合って判断させる場合を比較しました。たとえば、手術をすれば完全な健康を取り戻せるが、その手術はリスクを伴い、手術をしなければリスクはないが不便な生活を強いられるという場合、手術の成功確率がどのくらいあれば手術を選ぶか、というような課題です。その結果、いずれの課題においても、集団で決めた場合の方が魅力的だけどリスクのある選択肢を選ぶ傾向があることが確認されました。集団で話し合って決めると、なぜリスキーな判断になってしまうのでしょうか。

○リスキーシフトの防止と活用

リスキーシフトが起こる理由としては、みんなで決めると気が大きくなるということと、責任の分散が起こるということがあると考えられます。「赤信号、みんなで渡れば怖くない」というように、みんなと一緒だと気が大きくなり、大胆なことをしてしまいやすいというのは、だれもが経験しているはずです。また、みんなで決めると、一人で決める場合と違って、自分だけの責任ではないため、各自の責任感が薄れ、慎重さが失われるということもあるでしょう。こうしてみると、みんなで話し合って決めることが必ずしも望ましいわけではないことがわかります。

では、会議などで話し合って決める場合、どのようなことに留意すべきでしょうか。失敗は許されない重大な案件について慎重に検討したいというケースでは、各メンバーに前もって個別に考えておくように伝えるという手があります。その方が、集団の場でいきなり考えるよりも、慎重な検討が行われることが期待できます。前もって個別に考えながら思うことをメモさせ、それを事前に提出させるというやり方もあります。

リスキーシフトの心理を利用する手もあります。たとえば、守りの姿勢を打破すべく、積極策を大胆に模索したいというようなケースでは、集団で話し合った方が責任の分散心理が働き、思い切った提案が出やすくなるでしょう。

チェックポイント

ビジネスの武器となるポイント、頭の中で整理できていますか。以下の問いに、口頭でよいので簡単に答えてみてください。自信がないときは、もう一度該当箇所を読み直しましょう。

☑上司がもつ影響力の６つの基盤とは何でしたか

☑リーダーシップの２つの基本的機能とは何ですか

☑部下の非生産的な言い訳を減らすにはどうしたらよいでしょうか

☑若い世代にも人情上司が人気があるのはなぜでしょう

☑集団の成熟度に応じてリーダーシップをどのように変えていけばよいでしょうか

☑変動の時代に求められる変革型リーダーシップの特徴を説明できますか

☑ピグマリオン・マネジメントのポイントは何でしょう

☑社会的手抜きとは何か、またそれを防ぐにはどんな工夫が必要でしょうか

☑全会一致の決議が危ないというのは、なぜでしょうか

☑同調圧力を防ぎ、率直な議論をするために、どんな工夫ができるでしょうか

☑あなたの組織の属人思考度はどの程度ですか

☑みんなで話し合うとリスクが高まるというのはどういうことか、説明できますか

第6章

[説得の心理学]

相手の納得を引き出す手法

66 説得的コミュニケーション

説得力を左右する要因は何でしょう

○説得の際に考慮すべき4つの要因

営業がうまくいくかどうかも、社内で自分の企画や意見が通るかどうかも、説得力しだいです。ビジネスのあらゆるシーンで説得力が問われます。では、説得力を高めるにはどうしたらよいのでしょうか。まずは説得力を高めるために考慮すべき点を押さえておきましょう。心理学者ホブランドは、説得効果を規定する要因として、つぎの4つをあげています。

①**送り手**――信用できそうな人物、魅力的な人物は説得力があります

②**内容**――説得の仕方については、さまざまな効果的なスキルが考案されています

③**媒体（メディア）**――視聴覚メディアを駆使することで説得力を高める工夫が行われています

④**受け手**――同じ説得でも相手によって効果が異なります

これをもとに説得力を高めるためにどうしたらよいかを考えてみましょう。

○説得力を高める工夫

①**送り手**——服装や言葉づかいに気をつけるのは当然ですが、何よりも重要なのは、説得内容に関連した知識や情報を吸収し、専門性を高めておくこと。好印象も説得力につながります。人の話に耳を傾け、心のキャッチボールができる人は、間違いなく好印象を与えます。

②**内容**——誠意をもって応対するのが基本ですが、多くの交渉ごとが心理的要因で動くのも事実です。誠意が通じず悔しい思いをする機会を減らすためにも、説得の心理テクニックに通じておくべきでしょう。具体的手法は、後の項で順次解説します。

③**媒体**——パワーポイントなどで図解し、チャート式の流れを示すなど、視覚にアピールするというのはよく使う手段です。動画もよく用いられますが、映像には、理屈抜きに感覚にアピールしたり、感情を喚起するなど、説得を受け入れやすい心理状態に導く力があります。

④**受け手**——相手の性格や興味、価値観、知的好奇心や知的水準によって、対応を工夫することも大切です。権威主義的な人物は、専門家や専門誌を引き合いに出すと説得されやすく、社会貢献に価値をおく人物は、いかに社会の役に立つかに焦点づけたプレゼンにより、提案を受け入れやすい心理状態になります。知的水準によって、単純明快な説明が効果的な場合と、多面的な情報を用いた説明が効果的な場合があります。

67 心理的抵抗 説得への心理的抵抗はどうしたら取り除けるでしょうか

○説得への心理的抵抗の4つの要因

ビジネス上の説得においては、お互いの利害が大きく絡むため、説得する側も説得を受ける側も、かなり身構えるものです。こちらの提案や条件を受け入れてもらうには、まずは身構えた防御姿勢を解除してもらわなければなりません。

そこで参考になるのは、心理学者ノールズたちが指摘する、説得への心理的抵抗の４つの要因です。説得を成功させるには、これらの心理的抵抗を和らげるアプローチが必要となります。

①**リアクタンス**——奪われた自由を取り戻そうとすること
②**不信**——警戒心が強く、相手の提案や説明を疑うこと
③**吟味**——相手の提案や説明を慎重に検討しようとすること
④**惰性**——面倒くさがって、なかなか現状を変えようとしないこと

○心理的抵抗の解除のために心がけるべきこと

①**リアクタンス**――私たちは「選択の自由」を奪われることに対して強い心理的抵抗をもつため、押しつけがましい言い方は避けるべきです。無理なお願いはしないといった姿勢が、「採用してみようか」「受け入れようか」という気持ちを引き出しやすいのです。このリアクタンスについては、後の「心理的リアクタンス」の項で具体的に解説します。

②**不信**――相手方にどんなメリットがあるかを具体的に示すことが大切です。たとえば、どの程度のコスト削減になるか、どのような販路拡大が期待できる、どんな消費者層の心を摑むことが期待できるか、など。相手の立場になって説得内容を検討しておく必要があります。

③**吟味**――相手方の批判的思考や検討に耐えられるように、用意周到に資料を作成しておく必要があります。あり得る質問をシミュレーションしながら、回答のための資料も用意しておくべきでしょう。効果的な準備をするためにも、上司や先輩から相手方が質問してきそうな事項、相手方がどんなことを気にするかなどについて情報を得ておくことが欠かせません。

④**惰性**――現状を変えるには相当なエネルギーがいるため、現状維持を続けたがる習性が私たちにはあります。そこで、どんな行き詰まりが想定され、変えればどんなメリットが期待されるかを、データや事例を駆使して、具体的にイメージできるように示す必要があります。

68 説得的コミュニケーションの流れ

説得にはどんな流れがあるのでしょうか

○説得的メッセージに接してから行動が変化するまでの流れ

説得を成功させるには、説得的コミュニケーションによって、こちらの説得がどのように相手方の心に浸透していくのかを踏まえておくことが必要です。心理学者マクガイアは、説得的メッセージに接してから行動が変化するまでの一連の流れについて、①接触、②注目、③理解、④承諾、⑤保持、⑥検索、⑦決定、⑧行動という8つの段階に整理しています。各段階について、具体的事例に則して説明しましょう。

○8つの段階を踏まえて説得する

あなたがある会社の人事部の研修担当だとします。ある日、受付から「研修会社の営業が面会を求めている」と連絡がきました（①接触）。つぎの社員研修を企画する時期だったので、会って話を聞くことにしました（②注目）。その研修会社の営業は、最近の若手社員のコミュニケーション能力欠如の現状、コミュニケーション能力とモチベーションとの関係などを順序だてて説明します。あなたは、そのとおりだと納得し（③理解）、コミュニケーション研修が必要だという意見に賛同しました（④承諾）。社内会議にかけて検討することを約束すると、研修会社の営業は帰っていきました。数日後、あなたの会社の若手社員が人事部に駆け込んできて、「上司が自分の失敗を一方的に非難し、自分の言い分をまったく聞いてくれなかった。その後、ずっと否定的な目で見られている気がして精神的に参っている」と感情的に訴えているのに遭遇したあなたは、「社員同士がお互いをわかり合えるようになるためには、やはりコミュニケーションが必要だ」と改めて感じました（⑤保持）。そこで、研修の実施を決定する会議に向けて資料をつくるため、ほかの研修会社のコミュニケーション研修についても調査し、比較・検討することにしました（⑥検索）。会議では、作成した資料にもとづいて話し合いが行われ、最終的に、営業にやってきた会社の研修がよいということになり（⑦決定）、依頼しました（⑧行動）。

説得的コミュニケーションを行いながら、これが「接触」、これが「承諾」といちいち意識しているわけではありませんが、この流れを念頭に置くと置かないとでは、説得力に雲泥の差が出ます。成功例や失敗例を振り返り、①～⑧のどの部分で失敗したのか、あるいは成功したのかを考えることで、効果的な対応策が明確になり、説得力の向上が見込めます。

69 権威・好感度 どっちの方が説得効果を高めるでしょうか

○商品そのものと関係ない要因が効いてくる

健康食品などの宣伝に医師の推薦の言葉があると、「専門家が推薦するのだから信用していいだろう」と思って買う人が少なくありません。商品も情報もあまりに溢れすぎている時代ゆえに、自分では判断できないことがたくさんあります。そんなときに頼りたくなるのが権威ある専門家の判断です。費用は高くなっても専門誌や大手の新聞に広告を載せようとするのも、権威の効果を狙ってのことといえます。営業や交渉に出る社員に資格を取らせたりするのも、実質的な意味のほかに、名刺に資格もあった方が権威づけになるからです。だれもが何らかの肩書きをもっている会社もありますが、それも肩書きがあることで権威づけができ、信頼性が高まるからです。

権威と並んで説得効果をもつのが好感度です。好感度の高いタレントを使ったCMが多いのも、好感度に絶大な説得効果があることを知っているからです。好感がもてるタレントがCMに出ていると、つい買ってしまったりします。そこには、2つの心理的要因が働いています。

ひとつは、一体化願望を刺激するということです。好きな人が使っているモノを使いたい、好きな人が食べているモノを食べたいといった心理を利用するわけです。もうひとつは、イメージを売っているということです。各商品には、それぞれのＣＭで起用されているタレントのイメージが付着しているため、好きなタレントのイメージを選ぶようにして商品を選ぶことになります。

○権威と好感度の使い分け

権威などによる信頼性の説得効果と好感度の説得効果とでは、どちらの方が大きいのでしょうか。２つの説得効果を比較検討した実験によれば、好感度より信頼性の説得効果の方が大きいようです。とくに受け手にとって重要なことがらになるほど、好感度の説得効果は小さくなります。

スナック菓子やチョコレートをどこのメーカーのものにするかはたいした問題ではないので、ＣＭタレントのイメージを買うようにして選んでも重大なリスクはありません。でも、金融商品とかマンションを購入するというような重大な問題になると、ＣＭタレントのイメージに左右されて決めるわけにもいきません。もっと慎重に検討する必要があります。そんなときに頼りたくなるのが専門家の判断です。ゆえに、資産運用や保険のパンフレットやＣＭでは、専門家のコメントを使うことはあっても、好感度の高いタレントを起用することはあまりありません。

70 心理的負債感 セールスに来る人はなぜみんな親切なのでしょうか

○何かしてもらうと、お返しの心理が働く

セールスに来る人はみんなとても親切ですが、当然ながらそこにはセールスを成功させたいという意図が隠されています。人から親切にしてもらったり、便宜を図ってもらったりした場合、こちらもできることがあればしてあげたいという気持ちになるものです。してもらうばかりで、こちらは何もしてあげられないというのでは、気持ちの収まりがよくありません。それを心理的負債感といいます。いわば、心理的に借りがある状態です。

この心理的負債感による「お返しの心理」が説得効果をもたらすというのは、だれもが日常的に経験しているはずです。たとえば、デパ地下で何か美味しそうな総菜はないかと回っていると き、試食を勧められ、それが美味しいと、何となく買ってしまいます。最初からその総菜が気になっていたわけではなく、試食さえ勧められなければ通り過ぎていたはずなのに、食べると同時に美味しいのであれば、買ってあげないといけないような気になります。この心理的負債感による「お返しの心理」は、心理学実験でも証明されています。

○心理的負債感が被説得性を高める

心理学者レーガンは、２人１組の実験への協力を求めました。そのうちの１名は常にサクラでした。条件は2通り設定され、１つの条件では、実験途中の休み時間に、サクラがコーラを買って差し入れてくれます。もうひとつの条件では、２人ともただ休むだけで、コーラの差し入れはありません。それからまた実験が再開されます。実験終了後に、サクラがあるチケットを購入してくれないかと頼みます。じつは、実験としてやってもらう作業はどうでもよく、ほんとうの実験の目的は、終了後のチケット購入の依頼に対する反応が条件によって異なるかどうかを確かめることにありました。結果をみると、差し入れをもらった人たちの方が多くのチケットを購入していました。チケットの金額はコーラの2倍もするにもかかわらず、差し入れをもらった人たちの購入枚数は、平均して2枚以上になりました。差し入れによって生じた心理的負債感による「お返しの心理」が、チケット購入という説得への承諾行動をもたらしたといえます。

取引先とのつき合いの中で、日頃からいろいろと便宜を図ったり、差し入れをしたりすることがありますが、それは相手方に心理的負債感を与えることで、何かのときに協力的姿勢をとってもらうことを期待した戦術とみなすことができます。

71 対比効果

高価なものが安く思えて買ってしまうのはなぜでしょう

○対比効果が判断を歪ませる

ちょっと間に合わせに何か食べて腹を膨らませたいと思い、たまたま入ったのが高級レストランで、メニューを見てあまりに高いのに驚く、というようなことはないでしょうか。そんなときは、仕方なく最も手頃な値段のメニューを頼むことになりますが、ふだんなら高すぎると思う値段でも安く感じられるものです。それが対比効果です。背の低いのを気にしている人が、背の高い人たちと一緒に写真に写るのを嫌がるのも、対比効果によりとても小さく見えるのを避けたいからです。

このような対比効果の存在は、目の錯覚をもたらす錯視図形を見るとはっきり確認できます。図は、同じ大きさの円なのに大きさが違って見えるという、エビングハウスの錯視です。周囲を小さい○で囲まれている場合と、大きい○で囲まれている場合では、真ん中の円はまったく同じ大きさであるにもかかわらず、小さい○で囲まれている方が大きく見えます。そこにも対比効果が働いています。周囲の○が小さいと、それとの対比で実際以上に大きく感じられ、周囲の○が大きいと、それとの対比で実際以上に小さく感じられるのです。

○説得場面でよく用いられる対比効果

この対比効果は、商品販売でも企画提案でもしばしば用いられます。たとえば、ふだん５万円の服など高くて買わないという人が、「これ、よくお似合いだと思いますよ」と店員がつぎつぎに出してくるのが７～８万円で、その後に５万円のものを出されると、「このくらいなら手頃だな」と感じて買ってしまう、というようなことがよくあります。企画提案でも、いろんなオプションをつけた場合の料金を提示した後、そうしたオプションをつけない場合の料金を示すと、実際以上に安く感じられたりします。それを狙って、受注することなど想定していないオプションをやたら用意して、非常に高額な料金をわざと提示し、「でも、正直言いまして、そこまでグレードを上げなくても十分だと思うんです」などと言って、オプション抜きの料金を提示して勧める、といった手法も使われます。

エビングハウスの錯視

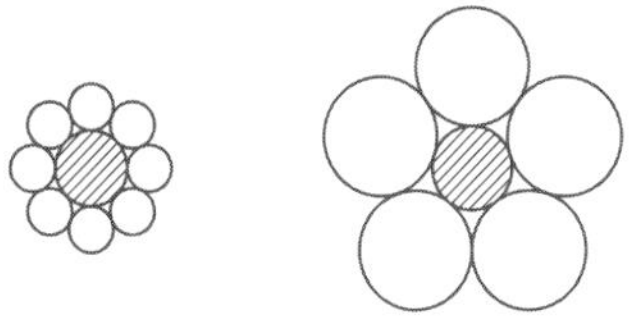

72 社会的比較 売れていると言われるとどうして買ってしまうのでしょうか

○「みんな」を基準にするから選択を誤る

服を買いに来た人も、バッグを買いに来た人も、自分に似合うもの、自分が気に入るものを買いに来たはずなのに、店員から「これ、すごく売れてるんです」「これが今一番の人気です」などと勧められると、それを買ってしまったりします。落ち着いて考えてみれば、大切なのは「自分がそれをほしいかどうか」であって、「多くの人がそれをほしがっているかどうか」ではないはずです。人によって好みが違います。求めるものや優先順位が違います。ものの購入に限りません。ベストセラーと聞いて読んだ本がつまらなかったり、大ヒット上映中となっているから観た映画が退屈だったりしたことはありませんか。

結局、「自分」基準にすべきところを「みんな」を基準に選んだため、買ったのに全然使わない日用品があったり、やっぱり自分には似合わないためほとんど着ない服があったり、つまらないことにお金と時間を使ったりしてしまいます。「売れているもの」「人気のあるもの」といった基準で判断した結果、自分に合わない選択をしてしまうのです。なぜそんなことになるのかと言えば、私たちには、判断基準がよくわからないときや自分の判断に自信がないとき、「他の人はどうしているんだろう」と他人の動向を参考にする習性があるからです。

○明確な判断基準がないとき、自分に似た他人を基準に判断する

社会的比較の理論によれば、どのような行動を取るのが適切か判断する絶対的基準がないとき、人は相対的基準を求める、つまり他人がどうしているかを基準に判断しようとします。その心理につけ込む説得的コミュニケーションもよく使用されるので、注意が必要です。

生命保険はどんな条件のものに入るべきか、老後の資金としていくらくらい貯めておくべきかと迷うのも、まさにこれが正しいという客観的な基準がないからです。そこで、みんなはどうしているのだろうと、自分と同じ年代の人の事例を参考にしたり、日本人の平均貯蓄額を参考にしたりします。このように、自分の取るべき行動の妥当性を判断する客観的基準がないとき、私たちはみんながどうしているか、あるいは自分に似た立場の人がどうしているかを基準にしようとします。とくに私たち日本人は、「みんなはどうしているか」ということに非常に過敏なため、「売れている」「人気がある」といった宣伝文句にとくに弱いので要注意です。

73 飲食の効果 商談で飲食を共にすることの意味を2つあげられますか

○接待には2つの心理効果がある

商談を進める際に、飲食をしながら打ち合わせるということがよく行われます。それにはどんな意味があるでしょうか。多くの人が思い浮かべるのは、「ご馳走してもらったら、何らかのお返しをしなければならない」という心理が働き、相手方の要求を受け入れやすくなる、という心理的負債感の効果でしょう。それは、もちろん正解です。接待をする側も、そうした心理効果を狙っていると言えます。

でも、それ以外に、もうひとつ大切な意味があります。それは、飲食中は相手の説得を受け入れやすい心理状態になるといった心理効果です。ご馳走してくれた相手からの説得でなくても、第三者の説得をも受け入れやすいのです。これは心理的負債の効果では説明できません。このことは、案外多くの人たちが見逃しているので、ぜひ心にとどめておきましょう。半信半疑の人もいるでしょうから、この効果を検証した実験をみてみましょう。

○飲食中は相手の言い分を受け入れやすい

心理学者ジャニスは、ほんとうに飲食中には他人の説得を受け入れやすい心理状態になるのかを確かめる実験をしました。それは、一般にはあまり受け入れられていない論点を含む文章をいくつか読ませ、それに影響を受けるかどうかを調べたものです。その際、読み手の半分はコーラを飲み、ピーナッツを食べながら説得文を読み、残りの半分は何も飲食せずに読みました。事前に各自の意見を聞いており、説得文を読んだ後に説得文の方向に意見が変わったかどうかを調べました。その結果、どの説得文に関しても、飲食しながら読んだ人たちの方が、明らかに説得文が主張する方向に意見を変えていました。

説得文を書いた人とコーラやピーナッツをくれた人は別人で、何のかかわりもないので、そこに心理的負債効果は働いていません。ここからわかったのは、飲食中は説得されやすい心理状態になるということです。

ランチミーティングなど、とくに接待でなく、割り勘で行うこともありますが、それでも飲食中に被説得性が高まるといった心理効果により、お互いに相手の意見に耳を傾け、相手の言い分を聞き入れやすい心理状態になり、和気あいあいとした雰囲気で交渉が進むといったことが期待されます。

74 一面的説得法・両面的説得法

相手の知的水準によって適した説得法はどう異なるのでしょうか

○効果的な説得法は相手によって違ってくる

新規開拓の営業の際に、自社商品の説明をしたところ、「そんなふうにメリットやデメリットを説明されたら、こっちはどうしたらいいかわからないじゃないか。おたく、売る気あるの？」と言われ慌てた、という人がいます。本人は良心的にていねいに説明したつもりだったのですが、それが裏目に出たようです。何とか契約を取らないと、という気持ちが先走って、自社商品のメリットばかりを並べ立てて売り込んだら、「そんなうまい話があるかなあ」と警戒され、それ以上話を聞いてもらえなかったという人もいます。メリットばかりを強調しすぎて、胡散臭い印象を与えてしまったのでしょう。

どちらの場合も、相手の見極めを誤ったのです。心理学実験により、相手の知的水準によって適した説得法が違ってくることがわかっています。そこで大切となるのは、一面的説得法がふさわしい相手か両面的説得法がふさわしい相手かを見極めることです。

○メリットだけで押すべき相手かどうかを見極める

自社商品のメリットなど、都合のよい情報ばかりを示して説得しようとするのが一面的説得法です。それに対して、自社商品のメリットもデメリットも、都合の悪い情報や反対の立場の情報も交えつつ、総合的な観点から説得しようとするのが両面的説得法です。

一般に、受け手の教育程度が低い場合は、話が複雑になると許容量を超えて理解しにくくなるため、単純明快な一面的説得法が効果的ですが、受け手の教育程度が高い場合は、一面的説得法だと押しつけがましい感じになるため、両面的説得法の方が効果的とされています。要するに、ものを深く考えそうな相手と、あまり深く考えそうにない相手では、説得の戦略を変える必要があるというわけです。知識が豊富な相手、売り込みたい商品の領域に詳しい相手も、教育程度が高い場合と同様、デメリットやリスクも含めて説明する両面的説得法を用いるのが効果的です。

また、受け手が元々説得したい方向と同じ態度をもっている場合は一面的説得法が効果的なのに対して、受け手の態度が説得したい方向と反対の場合には両面的説得法の方が効果的とみられています。

75 心理的リアクタンス

数量や時間を限定されるとつい買ってしまうのはなぜでしょう

○人は「選択の自由」を奪われることに抵抗を示す

「ない」と言われると欲しくなる。「品切れ」とか「在庫切れ」と書いてあると、なぜか気になる。店員から「本日だけのセールです」と言われ、勢いで買ったものの、後で考えたら慌てて買わなければならないほどお買い得ではなかった。「予約殺到」とか「売り切れ間近」といった言葉につられて、買うつもりのなかったものをつい買ってしまった。そんな経験はありませんか。

そこに働いているのが、心理学者ブレームが提唱した心理的リアクタンスです。それは、自由を制限されたり奪われたりすると、自由を回復しようとする心理が働く、というものです。私たちは「選択の自由」を奪われることに対して強い心理的抵抗をもちます。ゆえに、「なくなるかもしれない」と思うと買いたい衝動が高まり、「今のうちに買わないと」と慌てて買ってしまうのです。最近はテレビ通販番組が盛んですが、そこでよく利用される「本日限り」「これから30分限り」「先着500名様」「おひとり様3個まで」などといった限定的なフレーズも、心理的リアクタンスにアピールするものと言えます。こうした戦略は、通販に限らず、百貨店・スーパーはじめ多くの店で盛んに使われています。

○世の中に溢れる「限定効果」商法

このようなメッセージが私たちの心の中に喚起するのは、「限定しなければならないほど、お買い得なのだ」といった心理と、「今すぐに買わないと、この値段では買えなくなる」といった心理です。出遅れるとその値段で「手に入れる自由」を失うと思い、そうならないうちに「手に入れる自由」を行使してしまおうということになるのです。

品切れ、予約殺到、生産が追いつかない、などといったフレーズも、心理的リアクタンスを引き起こし、手に入るうちに手に入れておかないと、一刻も早く予約してしまわなければと思わせます。地域限定、季節限定なども、同じく心理的リアクタンスを引き起こし、「今、ここで買わないと、旅行が終わったら二度と手に入らない」「今のうちに味わっておかないと、季節が変わったらもう味わえない」といった思いにさせます。その結果、ろくでもないモノ、とくに必要もないモノを買ったり、あまり使うことのない権利を購入したり、不利な条件で契約したりといったことになりがちです。限定効果を狙うようなメッセージを感じたら要注意です。

76 ツァイガルニク効果 中断されるとなぜか気になりませんか

○中断された話は気になって仕方がない

「ちょっと話したいことがあるんだけど……」と言われて、後に続く言葉を待っていたのに、「やっぱり、いいや」と話を中断されたりすると、何を話したかったのだろうという気になるものです。「えっ？　何？　話してよ。気になるじゃないか」と促しても、「うん、もういい。何でもない」などと言われてしまうと、ますます気になってきます。そこに作用しているのがツァイガルニク効果です。

これは、中断された課題についての記憶は、完成された課題についての記憶よりも、思い出しやすい、つまり強く心に引っかかっていることを指します。そうした心理作用のことを、発見した心理学者の名前を取ってツァイガルニク効果と言います。

これは、仕事術としてもしばしば用いられます。キリが良いところまで片づけてしまうと心に引っかからないので、わざと中途半端なところで中断すると、「キリの良いところまで、もう少しだ」といった思いが残るため、「早く続きをやって、ケリをつけなければ」といった思いに駆られ、仕事を再開しやすくなります。

○つながりを維持する手法として有効

このようなツァイガルニク効果は、説得的コミュニケーションの流れや広告などでも用いられます。たとえば、営業先で何らかの提案をするにあたって、説明すべき内容を一度にすべて話してしまうと、聞き手の気持ちはスッキリしてしまいますが、ちょっと気になりそうなことをさりげなく話したところで、「今回はあまり時間がありませんので、詳しいことは、またの機会にご説明に上がります」と言うと、聞き手は気になり、その先の説明を聞きたくなるため、再度面会する約束を取りつけやすくなります。連続テレビドラマがいつもクライマックス場面で「つづく」となるのも、その先の展開が気になる心理を生み出すためと言えます。バラエティ番組や報道番組で、つぎに出てくる話題を中途半端に予告してCMになるのも、「ちょっと気になる」気持ちを生み出すことで、CM中にチャンネルを替えられないようにするのが目的と言えます。

完成された課題より未完成の課題の方が強く記憶に残る。中途半端に中断されると、その先のことがどうしても気になる。営業で顔つなぎをするときも、提案内容への関心を引きたいときも、そうしたツァイガルニク効果を意識すると、うまい方法を思いつくかもしれません。

77 フット・イン・ザ・ドア技法

「話だけでも聞いてください」がなぜ効果的なのでしょうか

○ドアを開けた時点で術中にはまっている

訪問販売や保険の訪問勧誘に対する警戒心はだれにもあるはずなので、インターホンが鳴り、「○○の訪問販売に伺いました」「○○の勧誘に伺いました」などと言われて、いきなり玄関の中に迎え入れる人は少ないと思います。「とくに興味ないので、結構です」と断るのがふつうでしょう。でも、「5分くらいですみますので、ちょっとお話しだけでもさせていただけませんか」「せっかくですので、ちょっとご挨拶だけでもさせていただけませんか」などと言われると、外回りも大変だろうし、話くらい聞いてあげようかという気になる人が出てきます。

じつは、この時点で、すでにフット・イン・ザ・ドア技法の術中にはまっており、その後に突きつけられることになる大きな要請を受け入れやすい心理状態がつくられているのです。フット・イン・ザ・ドア技法とは、はじめに小さい要求をして受け入れさせてから本来の要求をする手法のことです。よく考えればわかることですが、話だけして、挨拶だけして、暮らしていける営業など世の中にいるわけがないのです。

◯断るより受け入れる方が心理的負担が軽く感じられる

心理学者フリードマンとフレーザーは、フット・イン・ザ・ドア技法の説得効果を実証してみせています。たとえば、調査員が知らない家に電話をして、台所用品の調査への協力を依頼する実験があります。実際は4つの条件が設定されましたが、話をわかりやすくするために2つの条件を比較してみましょう。第1条件では、1回目の電話では台所用品の電話調査への協力を頼み、その電話で台所用品についての簡単なアンケートに答えてもらいます。そして、3日後に2回目の電話をして、今度は実際に訪問して台所用品をチェックする調査への協力を求めます。第2条件では、1回目の電話でいきなり訪問調査への協力を求めます。訪問調査を受け入れた人の比率は、第2条件が22%だったのに対して、第1条件では53%と、2倍以上の受諾率になりました。

なぜそんな違いが出るのでしょうか。ちょっと面倒だなと思ったら、断るのがふつうです。でも、それを邪魔するのが、前にこの人の要求を受け入れたという事実です。前は気持ちよく受け入れたのに、今度は断るというのは、どうもしっくりきません。面倒だと思いつつも、断るより受け入れる方が心理的負担が軽かったりするわけです。

78 ドア・イン・ザ・フェイス技法

無理難題を突きつけられた後はなぜ説得されやすいのでしょうか

○過大な要求の後に出された要求は断りにくい

来期のノルマ2000万円と言われ、「そんな……今年の実績が1000万ギリギリなのに、それはちょっと……」と慌てたところに、「そうだったね。じゃあ、1500万を目指してもらおうか」と言われると、よかったと胸をなで下ろして受け入れてしまう。香港支社への異動を打診され、「えっ、香港ですか?」と大いに動揺したところに、「ちょっと遠すぎるかな。では、福岡支店ではどうだろう」と言われると、喜んで受け入れてしまう。そんな人間心理があります。でも、上司の元々の狙いは、ノルマ1500万円を受け入れさせることだったり、福岡支店への異動を快く引き受けさせることだったりするかもしれません。

このような事例で用いられがちな説得的コミュニケーションが、ドア・イン・ザ・フェイス技法です。これは、はじめに受け入れがたい過大な要求を持ちかけ、相手が抵抗を示したとき、間髪をいれずに、それよりも受け入れやすい本来の要求を持ち出すものです。

○値引き交渉や納期交渉でもよく使われる心理技法

チャルディーニたちは、通行人に献血への協力を依頼する心理学実験により、ドア・イン・ザ・フェイス技法の顕著な効果を実証しています。いきなり「献血にご協力いただけませんか」と頼んだ場合の承諾率が32％だったのに対して、「今後数年間、2ヶ月ごとに献血する契約を結んでいただけませんか」と無理な要求をぶつけて、断られたあとに、「では、今回1度きりで結構ですから、献血にご協力いただけませんか」と頼むと、承諾率は49％に跳ね上がりました。

ここには、第1に心理的負債感による「お返しの心理」が働いているとみることができます。相手が譲歩してくれたので、こちらも譲歩して要求を受け入れてあげないと、といった心理です。第2に対比効果が作用していると考えられます。最初に過大な要求をされるため、つぎに出された要求が実際以上に小さなものに感じられ、受け入れやすい心理状態になるのです。

ビジネス上の値引き交渉でも、相手の利益が出るギリギリのところが15％引きと見当をつけたとして、はじめから受け入れ可能な10％引きを要求しても抵抗を示すでしょう。そこで、吹っかけて20％引きを要求し、それを断らせてから10％引きの条件を提示すると、案外すんなり受け入れられたりします。納期交渉や納入数交渉などでも、よく用いられる技法です。

79 ローボール技法

条件を吊り上げられたのになぜ買ってしまうのでしょうか

○その気になったときが危ない

エアコンの調子が悪く、そろそろ買い替えないと、と思っていたら、タイミング良く近所の電気店のチラシが入り、わりと良さそうな機種が今週のセール品として10万円という格安値段で出ていたため、早速買いに行ったところ、その機種はすでに売り切れとのことで、性能にほとんど違いはないからと別の機種を勧められ、それを10万円で買ってしまう。でも、あとで落ち着いて考えてみると、それはワンランク下の機種で、慌てて買わなくてもいつでも、どこの店でも10万円で買えるものだった。似たような経験をしたことはないですか。私たちは、いったんその気になってしまうと、気持ちに勢いがついているため、多少条件を吊り上げられても受け入れてしまうのです。

このように、はじめに好条件を提示し、その気になったところで条件を吊り上げる手法をローボール技法といいます。

○条件が吊り上げられたら、ひと呼吸おく

チャルディーニたちのローボール技法の有効性を実証した心理学実験では、授業中の教室で、単位として認めるからと実験への協力を求めたところ、多くの学生が協力を申し出ました。そこで、実験は朝7時からだと説明します。それは早すぎるとだれもが感じます。最終的に協力を申し出た学生は56％でした。一方、はじめから朝7時からという条件まで説明して呼びかけた場合、協力を申し出た学生は31％でした。最終的には同じ条件なのに、最初に好条件だけを提示した場合、最初から悪条件も提示した場合と比べて、2倍近い承諾率になったのです。このように、いったんその気になると、条件を吊り上げられても、断りにくくなってしまうのです。

この技法は、あらゆるビジネスシーンで駆使されています。「50％ＯＦＦ」というポップがあり、そのコーナーに行くと、気に入ったのは2割引きで、迷った末に、「せっかくなら気に入ったものを」と2割引きの方を買う、というようなことがよくあります。はじめから「20％ＯＦＦ」となっていたら、そのコーナーに行かなかったはずです。無料だと言っておいて、いざ契約段階になると、初期費用がかかると言い出すようなパターンもあります。とくに私たち日本人は場の空気を壊さないように、言うべきことも言いにくくなりがちなので、注意が必要です。

80 ザッツ・ノット・オール技法 好条件はいつ示すのが効果的でしょうか

○人はだれもが「おまけ」や「値引き」に弱い

最初から好条件を示した方がインパクトがあるという人もいれば、好条件は後から追加した方がインパクトがあるという人もいます。いったいどちらの方が効果的なのでしょうか。その疑問に答える実験を行ったのが、心理学者バーガーです。

バーガーは、カップケーキの販売場面を使った実験を行いました。ケーキには値段を付けずに、客から訊かれたら答えるようにします。その際、2つの条件を設定しました。第1条件では、値段を聞かれたら、まず最初に値段を告げ、客が迷っているときに「クッキーを2枚おまけに付けます」と付け加えます。第2条件では、値段を訊かれたら、最初から「クッキー2枚とセット」の価格だとして値段を告げます。同じ値段なのですが、どちらの条件の方がよく売れると思いますか。答えは第1条件の方です。ケーキを購入した客の比率は、第2条件では40％だったのに対して、第1条件では73％と二倍近くになりました。クッキーをおまけに付ける代わりに、値引きをする実験も行われました。第1条件では、値段を訊かれたら高めの値段を告げ、客が迷っているときに本来の値段に値引きします。第2条件では、値段を訊かれたら、最初から本来の値段を告げます。最終的に同じ値段なのですが、ケーキを購入した客の比率は、第2条件では44％だったのに対して、第1条件では73％と、大差がつきました。

○ここにも「お返しの心理」と「対比効果」が効いている

なぜ後で好条件を追加した方が客は買いたくなるのでしょうか。そこには2つの心理効果が作用しています。1つは「お返しの心理」です。おまけの実験では「おまけをつける」という形で、値引きの実験では「値引きをする」という形で売り手が譲歩したことになるため、買い手はそれに対する「お返し」として購入しなければいけないような気持ちになるのです。もう1つは「対比効果」です。おまけの実験でも値引きの実験でも、最終的な条件は同じにしても、「おまけ」とか「値引き」というものがあった方が、得をしたような気持ちになり、納得しやすくなります。

このように後から好条件を追加する説得的コミュニケーションの手法のことを、ザッツ・ノット・オール技法と言います。こうしてみると、最初からギリギリの好条件を提示するよりも、最初は無理のない条件を提示しておき、相手方が納得しないとみてからギリギリの好条件を提示する方が、話がまとまりやすいと言えるでしょう。

81

クライマックス法・反クライマックス法

決めぜりふは最初と最後、どちらがよいと思いますか

○最も強力なセールスポイントをいつ切り出すか

商品や企画を売り込む際に、最も強力なセールスポイントを最初に強調するのがよいのか、最後に強調するのがよいのか、だれもが迷うところです。これは、心理学の世界では、クライマックス法が効果的か、反クライマックス法が効果的かといった形で、議論されてきました。クライマックス法というのは、最も強力なセールスポイントを最後にもってくるやり方です。一方、反クライマックス法は、最も強力なセールスポイントを最初にもってくるやり方です。

たとえば、このシステムを導入することで経費が3割削減できるというのが最も強力なセールスポイントだとして、はじめに今経費がどれくらいかかっているか、このような経費はある程度削減可能なはず、削減するにはこんなことが考えられる、などと順を追って説明しながら外堀を埋めていき、最後に、当社のこのシステムを導入することで経費を3割削減可能になる、という決めぜりふを突きつけるというように、徐々にクライマックスに向かっていくのがクライマック

ス法です。反クライマックス法では、このシステムを導入することで経費が何と3割も削減可能になると最強の決めぜりふで関心を惹きつけ、それはどういうことなのかを順に説明していきます。

○相手の関心度によりクライマックスの位置を変える

クライマックス法のほうが効果的だという報告があったり、反クライマックス法のほうが効果的だという報告があったりしますが、さまざまな研究の結果を総合すると、相手がはじめから関心をもってくれている場合はクライマックス法が効果的で、相手の関心が薄い場合は反クライマックス法が効果的と言えそうです。

相手が関心をもっており、先方から説明を求めてきた場合などは、周辺事項の説明をしながらメリットを小出しにしても、話について来てくれるので、最後にガツンと決めぜりふを切り出すことで同意しやすい心理状態を生み出せます。一方、相手の関心が薄いと、話を最後まで注意深く聞いてもらうのは難しいため、冒頭でガツンと決めぜりふをぶつけて、関心を喚起する必要があります。

あなたが売り込もうとしているものについて、最も強力なセールスポイントは何なのかをはっきりさせておいて、それをどこで切り出すかは相手の関心度に応じて決める必要があります。

チェックポイント

ビジネスの武器となるポイント、頭の中で整理できていますか。以下の問いに、口頭でよいので簡単に答えてみてください。自信がないときは、もう一度該当箇所を読み直しましょう。

- ☑説得力を上げるために考慮すべき4つの要因とは何でしょう
- ☑説得的コミュニケーションに接してから納得し行動が変化するまでの8つの段階を説明できますか
- ☑権威が効果的な商品と好感度が効果的な商品の違いは何ですか
- ☑借りがあると説得に乗りやすくなる心理を説明できますか
- ☑「これ、売れてます」と言われると買ってしまう心理について説明できますか
- ☑接待のもつ2つの心理効果とは何でしたか
- ☑一面的説得法と両面的説得法、どんな使い分けをしたらよいでしょうか
- ☑限定効果の背後にはどんな心理が働いているのでしょうか
- ☑つながりを維持するためのツァイガルニク効果の利用法の具体例をあげることができますか
- ☑フット・イン・ザ・ドア技法の具体例をあげることができますか
- ☑ドア・イン・ザ・フェイス技法の具体例をあげることができますか
- ☑ローボール技法の具体例をあげることができますか
- ☑おまけの心理効果について説明できますか

第7章

[マーケティングの心理学]

買いたいココロをくすぐるには

82 イノベーション理論

どういう人が買い始めると普及するのでしょうか

新製品が出るたびに飛びつく人がいますが、それである程度売れたとしても、その後すぐに普及するとは限りません。普及過程をモデル化したロジャースのイノベーション理論では、新製品などの採用の速さによって、ターゲットとなる人たちを、つぎの5つのカテゴリーに分類しています。統計学的に正規分布を仮定して、それぞれの比率が算出されています。

○新しいものに飛びつく人は2・5%

①**イノベーター**…新しいものにすぐに飛びつく人たち。目新しいものが好きで、冒険好きで、周囲の人たちの動向を気にしないため、変わり者にみられることもある。全体の2・5%

②**初期採用者**…比較的早く採用する。情報に目を光らせており、社会に共有されている価値観に照らし合わせてじっくり検討したうえで採用する人たち。全体の13・5%

③**前期追随者**…わりと慎重な人たちで、初期採用者たちにより広まり始めたのを確認してから追随する。全体の34%

④**後期追随者**…周囲の多くの人たちが採用しているのを見て、多数派から後れを取りたくない

といった発想から追随する人たち。全体の34％

⑤**遅滞者**…新しいものには抵抗があり、なかなか採用しようとしない保守的な心理傾向をもつ人たち。全体の16％

○オピニオンリーダーが鍵を握る

ロジャースによれば、普及率が10～25％に達する頃に普及し始め、50％を超えると急速に普及していきます。このような普及の鍵を握る人物のことをオピニオンリーダーと言います。イノベーターは変わり者ゆえに、イノベーターが採用しても、周囲の人は躊躇しがちですが、初期採用者が動き出すと、周囲の人たちが影響を受け始めます。その意味で、ロジャースは初期採用者の中にオピニオンリーダーが含まれるとします。オピニオンリーダーとは、周囲の人たちに対して影響力のある人物のことで、多分野にわたって影響力のあるオピニオンリーダーもいれば、服飾分野、金融商品分野、食品分野、教養分野など、分野固有のオピニオンリーダーもいます。

インターネットの時代になって、オピニオンリーダーの行動パターンも変わってきました。ブログやツイッター、口コミサイトなど、ネット上での発信によって大きな影響力をもつオピニオンリーダーの存在感が増しています。

83 セグメンテーション ターゲットはどのように絞り込むのでしょうか

○作れば売れる時代からマーケティングの時代へ

モノが乏しい時代なら、良いモノを作れば面白いように売れたわけですが、モノが溢れる時代になると、消費者の欲求をいかに満たすかを考慮する必要があります。１９０８年に多くの消費者が購入可能な価格で性能の良い乗用車の開発に成功したフォードは、一時大成功を収めましたが、やがて競合相手のGMの台頭により１９２７年に生産中止に追い込まれました。GMは、１９２１年に心理調査課を設置して、消費者の欲求の調査を行い、低価格から高価格の車種を揃え、さまざまな色の車を揃えて、消費者が自由に選択できるようにしたのです。すでに安くて良いモノを作れば売れるという時代ではなくなっていたわけです。このエピソードが教えてくれるのは、消費者心理をつかまないことには、いくら安くて良いモノを作っても多くの人に購入してもらうことはできないということです。ここにマーケティングの存在意義が明らかになったわけです。

ただし、消費者がどんな欲求をもち、どんなモノを欲しがるかをつかむのが大事だとはいっても、人によって欲求の優先順位が異なるということがあります。さまざまな価格や色の車を揃えたのも、そうした個人差に対応したものと言えます。そこで重要になるのがセグメンテーションです。

○多様なニーズに応えるためのセグメンテーション

セグメンテーション（市場の細分化）とは、消費者の多様なニーズに応えるべく、ターゲットとなる消費者をいくつかの層に細分化することを指します。細分化できたら、それぞれの層の欲求の特徴を探り、それぞれにふさわしい商品を開発し、品揃えをして、購入を促します。あるいは、特定の層をターゲットに絞って、その層に特化した商品開発や商品提供を行います。

セグメンテーションには、年齢、性別、住居形態、家族構成などの人口統計学的な特性や、職業・年収・学歴などの社会経済的特性が用いられます。たとえば、20代の一人暮らしの独身男性と30代の配偶者も子どももいる男性では、外食の頻度や使う金額、外食の際に行く店も違っているはずです。30代の既婚女性であっても、共働きの女性と専業主婦とでは、もっている心理的サイフ（85項参照）もそれぞれのサイフの許容金額も違っているでしょう。

セグメンテーションを行うことによって、消費者の欲求に見合った商品・サービスの開発ができ、購入を促進することが期待されます。

84

サイコグラフィック・セグメンテーション

心理や行動でどのように細分化するのでしょうか

○心理学的特性で消費者を細分化する

前項でセグメンテーションの重要性を指摘しましたが、同じく20代の一人暮らしの独身男性であっても、人によって欲求も行動パターンも違います。たとえば、20代の一人暮らしの独身男性でも、自炊をする人と自炊をしない人では、外食する頻度も違うでしょうし、たまにしか外食しない人と日常的に外食している人では行く店の種類も1回の外食で許容しうる予算も違うはずです。同じ年代の勤め人でも、毎日のように喫茶店を利用する人とたまにしか喫茶店を利用しない人では、喫茶店の用途も違えば、1回当たりの予算も違うでしょう。そういった違いを踏まえて、ある程度グルーピングできれば、よりニーズにマッチした商品・サービスの提供ができるはずです。

そこに登場したのが、サイコグラフィック・セグメンテーションです。これは、人口統計学的な特性や社会経済的特性の他に、趣味、関心領域、価値観、行動パターンなど、心理学的特性も加味してセグメンテーションを行うものです。

○心を満たす商品・サービスの開発・提供のためのセグメンテーション

物質的に貧しく、生活必需品の購入が中心の時代なら、人口統計学的特性や社会経済的特性で足りたかもしれませんが、モノが満ち溢れ、心の充足が中心の時代になると、心理学的特性の重要性が増してきます。どのような趣味をもつ人は、どんなモノを購入し、どんな店に行き、私生活の充実のために収入の何パーセントくらいを使う傾向があるか。どのような領域に関心がある人は、どんなことにいくらくらい使う傾向があるか。どのような価値観をもつ人は、どんな人づきあいを好み、交際にどの程度の予算を使い、文化・教養にどの程度の予算を使い、飲食にどの程度の予算を使い、服飾や身だしなみにどの程度の予算を使う傾向があるか。そのようなことがわかれば、それぞれの層に合わせた商品・サービスの開発ができるでしょうし、その中のいずれかの層に特化した商品・サービスの開発や提供もできるでしょう。

このように、サイコグラフィック・セグメンテーションを行うことで、どのような商品・サービスが欲求充足につながりやすいかが明確になるため、せっかく用意した商品・サービスが埋もれてしまうのを避けることができます。

85 心理的サイフ 旅先だとつい無駄遣いしてしまうのはなぜでしょうか

○私たちは心の中にいくつものサイフをもつ

好きなアイドルのコンサートには1万円でも平気で出すのに、グリーン車に3000円も出すなんてあり得ないという人がいます。服代に毎月何万円も使っているのに、たまに出かける温泉旅行の宿代をやたらケチる人もいます。このような現象を説明してくれるのが、心理学者小嶋外弘による心理的サイフという考え方です。

物理的なサイフはひとつでも、心の中にはいくつものサイフがあり、どのサイフから出すかによって、同じ金額の出費でも、高すぎたとして「痛み」を感じることもあれば、納得して「満足」を感じることもあります。それは、何のサイフから出費したかによります。たとえば、デートのときなら食事代が1万円かかっても満足できるのに、職場のつきあいで食事代が5000円かかると痛みを感じたりします。あるいは、日頃は2000円の食事でも高すぎると思うのに、旅先だと3000円の食事でも平気で注文したりします。このように、状況によって使う心理的サイフが違うのです。同じく日常の用途でも、外食のためのサイフからの2000円の出費は高く感じるのに、趣味や文化・教養のためのサイフからだと3000円の出費も安く感じたりします。外食用サイフもいくつかに分けられており、喫茶店用のサイフだと800円の出費は痛いのに、夕食用のサイフなら1500円までは許容範囲だったりします。

○人により心理的サイフの種類も支払可能額も異なる

このように商品やサービスによって、また状況によって、支出する心理的サイフが違うため、許容額が違ってきます。

さらに言えば、人によってもっている心理的サイフの種類や支払可能な金額が異なります。お金がなくて教科書を買えないという学生たちが、毎週のように飲み会をしているのを見ると、友だちづきあいには数千円を平気で使えても、勉強のための心理的サイフからは極力出費したくないのだとわかります。

ゆえに、セグメンテーションを行い、各セグメンテーションごとに、どのような心理的サイフをもつ傾向があるか、サイフごとにいくらくらいの支出になると痛みを感じるかを知っておくことは、マーケティングにとって非常に大事なことです。

86 ポジショニング 自社ブランドをどのように特徴づけていますか

○競合他社との差別化のために必須のポジショニング

どんなに素晴らしい商品や店舗を開発しても、よほど目新しいものでない限り、競合する他社が必ずあるものです。たとえ当初は画期的なアイデアに基づいたものであっても、必ず追随してくる他社が出てくるため、どんな商品あるいは店舗であっても競合他社としのぎを削ることにならざるを得ません。

そんな中、消費者に自社商品・店舗を選んでもらうためには、他とは違う何かが必要です。そこで意識されるのが差別化戦略です。競合が予想される他社と差別化して自社商品・店舗の特徴をアピールするためには、消費者によって各ブランドや店舗がどのように受け止められているか、いわば各ブランドや店舗が消費者の心の中でどのように認知され、どのような感情を喚起するのかを知っておく必要があります。そうした受け止められ方から競合相手の特徴がつかめれば、差別化の方向も見えてきます。そこで行われるのがポジショニングです。これは位置取りのことで、人間関係を理解したり、自分自身を理解したりする際にも有効な概念ですが、マーケティングでも盛んに用いられるようになっています。

○軸の設定が肝になる

新しいコンセプトの店を出店するにあたって、既存の他社の店との差別化が不十分だと、埋もれてしまいます。そこでポジショニングによる差別化が必要になります。たとえば、高級感を売り物にするのか、低価格を売り物にするのか。前者であれば重厚感や落ち着いて寛げる感じをいかに醸し出すかが鍵になるでしょうし、後者であればコスト削減や利便性が鍵になるでしょう。読書するなど自分の世界に浸れる雰囲気を売り物にするか、知人と楽しく談話できる雰囲気を売り物にするかによっても、こだわるべきところが違ってきます。飲食店であれば、価格と味のほどよいバランスを売り物にするか、素材へのこだわりを売り物にするかによって、工夫すべき点も違ってきます。このように、機能面、価格面、デザイン、手触り、素材、雰囲気、耐久性、利便性、アフターサービスなど、それぞれのケースによって適切な軸を設定して、同業他社の商品なり店舗なりをポジショニングしてみると、競合するのはどこで、競合しないのはどこかが見えてきます。そこがはっきりしたら、競合他社とどのように差別化するか、そのためにどんなことができそうかといった戦略を練って、アピールポイントを具現化していきます。

87 現在志向バイアス

目の前の誘惑に負けてしまう、そんなことはありませんか

○「今日くらいはいいだろう」が繰り返されてしまう

ダイエットの必要性を感じ、甘いものは控えなければと思っていても、美味しそうなケーキや和菓子を見ると、つい買ってしまう。喫茶店のメニューで、美味しそうなパフェやあんみつをみると、我慢できずに注文してしまう。「今日くらいはいいだろう」といった思いに駆られて、甘いものを口にしてしまう。それが、じつは何度も重なってしまう。そんな経験はありませんか。

仕事力を高めないとこの先困るから、自己研鑽のための勉強を帰宅後にしなくてはと思っているのに、帰るとテレビを見てだらだら過ごしたり、SNSで友だちとやりとりしたりしているうちに寝る時間になり、何もできないという人がいます。そのような人は、学生時代にも同じパターンを経験しているはずです。今から頑張って勉強していかないと来年の受験で困るからと受験勉強の計画表を作成しても、つい怠惰な気持ちに負けてだらだら過ごしたり、気分転換と称して友だちと遊んでしまい、計画倒れに終わってしまう。そんなことはなかったでしょうか。

○現在志向バイアスの活用戦略と克服戦略

このように目の前の誘惑に負けてしまうのは、現在志向バイアスがあるからです。これは、将来における価値よりも、「今、ここ」における価値を重視する心理傾向を指します。苦しくても「今、ここ」で頑張っておかないと将来ともても困ることになる（成人病になるかもしれない、仕事を失うかもしれない）と頭ではわかっていても、ついつい「今、ここ」の心地よさ、安楽さを求めてしまう。将来の喜びよりも今の喜びを求め、将来の苦痛よりも今の苦痛を避けようとする。私たちには、そんなところがあります。

ここからもさまざまなマーケティング展開の可能性が見えてきます。たとえば、「今すぐ手に入る」ことに価値を感じると想定されることから、入手に時間がかかるよりは、多少質的に劣ってもすぐ手に入る商品やサービスを好むはずだと考えられます。「すぐに届く」「短時間で解決する」となると、多少高くても頼みたくなるということもあるでしょう。将来の苦痛より「今、ここ」の苦痛を避けようとするということから、「今、ここ」の苦痛に負けないようにサポートする人物がいれば、現在志向バイアスを克服できるのではないかとも考えられます。実際、そうした戦略が功を奏している事例もみられます。

88 損失回避 いくら得する可能性があると言われても、元本保証がないと不安になりませんか

○だれもがもつ傷つきたくない心理

何らかの商品が気になりつつも、購入した後で期待していた効果がなかったら困ると思って躊躇していると、30日間のお試し期間があり、その期間内に返せば代金を返すと説明を受け、安心して買うことにした。うまくいけば2倍にも3倍にもなる可能性がある代わりに、半分になってしまう可能性もある、というリスクが大きく元本保証のない金融商品を勧められ、2倍や3倍になるのは魅力だったけど、せっかく貯めたお金が大幅に減るリスクを考えたら、飛びつくことはできなかった。話に乗るにしろ、乗らないにしろ、似たような経験はありませんか。

傷つくのが怖いという心理は、だれもが共有しているはずです。傷つくというのは多様な意味で用いられる言葉ですが、損害を被るのも傷つきの一種と言えます。精神医学者クロニンジャーは、遺伝的基礎がある人間の基本的な気質のひとつに損害回避をあげています。これは、用心深く、リスクを嫌う性質で、行動を抑制する方向に作用しますが、私たちの心の中にはこのような

損害回避的な心理が強く働いているわけです。

○利得追求より損失回避の方が意思決定への影響が大きい

このような基本的な人間心理をより実用的な概念としてとらえようというのが、心理学者カーネマンたちが提唱したプロスペクト理論による損失回避傾向です。これは行動経済学に応用され、私たちは利得を大きくすることよりも損失を小さくすることに強くこだわるため、利得感より損失感が意思決定において強い影響力をもつとされます。先ほどの例で言えば、お試し期間があることで損失が回避されるため、躊躇なく購入できるわけです。金融商品の例では、2倍や3倍という利得を得る可能性よりも、半分になる損失の可能性を重くみるため、購入に踏み切れないのです。株式投資などで、元本割れしたときに損失を確定するのが嫌で、「そのうち戻るかも」と期待しているうちにずるずるはまり大きな損失を出してしまうというのも、ありがちなことですが、それも損失を回避しようという心理がいかに強いかを物語っています。いったん値下げすると、元の値段に戻しにくくなるのも、値下げによる利得感よりも再値上げ（正価に戻す）による損失感の方が心理的に大きいため、買い控えが起こります。差し引き同じ額の変動とはいえ、値上げによる心理的ダメージは売り手が思うより大きいのです。

89 リレーションシップ・マーケティング

関係づくりに注力していますか

○間柄の文化だからこそ大切な関係性の維持

似たような商品やサービスが世の中に溢れるようになって、改めて重視されているのが人間関係です。仕事を頼むなら、日頃から気持ちの良いかかわりができている業者に頼みたい。どうせ似たようなものを買うなら、感じの良い店で買いたい。それはだれもが思うことでしょう。日頃から良好な関係性ができている業者だと、もっと安く手に入る店が他にあったとしても、「この人に注文してあげたい」と思ったりするものです。

15項で間柄の文化について解説しましたが、相手との間柄を大切にする私たち日本人にとって、人間関係というものはとても大きな価値をもつため、良好な人間関係を確立し、維持することは、商品の購入やサービスの利用を促す際に非常に重要となります。そこで注目されるようになったのが、リレーションシップ・マーケティングです。これは、消費者や取引先との関係性を良好に保つことによって、長期にわたって安定的な購入や取引を見込めるようにしようというものです。

用もないのにしょっちゅう顔を出す業者も、顔馴染みになろうとして訪問を繰り返すわけで、一見無駄足に思えても、じつはリレーションシップ・マーケティングを実践しているのです。

○ご用聞きもやっていたリレーションシップ・マーケティング

そう考えると、これはとくに目新しいものではないとわかるでしょう。個人商店が中心の時代、ご用聞きが近所のお得意さんの家を回ったものですが、それはまさに良好な関係性の維持を商品購入につなげる手法だったわけです。その後、便利なモノを作れば売れるという大量生産・大量消費の時代が来て、大資本化の流れのなかで個人商店も減り、ご用聞きも少なくなりましたが、似たような商品やサービスが溢れる時代になり、モノやサービス自体で差別化するのが難しくなって、リレーションシップ・マーケティングの重要性が再認識されるようになったのです。

リレーションシップ・マーケティングとしては、企業として、あるいは営業担当者として、良いイメージをもってもらい、信頼を得ることで、リピーターを増やしたり、継続的な取引を維持しようとしたりします。そこでは個人対個人の人間関係が重視されます。好意的感情や信頼を得るために、すでに解説した単純接触の効果を狙ってしょっちゅう顔を出すように心がけたり、気持ちの良い対話相手になるために積極的傾聴を心がけるなど、関係性のケアが重視されます。

90 リカバリー・パラドクス クレーム対応が大事な理由がわかりますか

○改善を期待するからこそ苦情を言ってくる？

クレーム社会と言われるように、消費者からのクレーム対応に企業が追われる時代になりました。企業が苦情処理に神経を使い、従業員が苦情を言ってくる人物に丁重な対応をしなければならないのは、苦情にうまく対処できれば、顧客の信頼を得ることができると思うからです。

苦情対応に関しては、リカバリー・パラドクスが注目されています。これは、商品なりサービスなりに対して不満をもった顧客が苦情を申し立て、苦情が適切に対処された場合、その顧客のロイヤルティ（忠誠心）は、とくに不満をもたなかった顧客のロイヤルティよりも高くなるという矛盾のことです。政治経済学者ハーシュマンは、顧客が苦情を申し立てるのは、不満を感じたからだけではなく、商品やサービスの改善を期待するからだと言います。「お気に入り」だからこそ苦情を突きつけるのであり、その商品の購入をやめるより、苦情を言う方が、最終的には満足のいく商品・サービスが得られると期待できるからだと言うのです。実際、クレーム対応に満足すればほとんどの人が再購入することがデータによって示されています。

○苦情を「お気に入り」につなげる

企業や店、あるいはブランドに対するロイヤルティが高いということは、「お気に入り」ということになるため、繰り返し購入したり来店したりといった行動につながります。つまり、苦情にうまく対処できれば、不満も苦情もない顧客よりも、こちらの商品やサービスに思い入れのある好意的な顧客が手に入るというわけです。たとえば、苦情に対する迅速な対応や金銭的な保証が苦情対応満足度を高め、再購買意向を高めることが示されています。ゆえに、苦情に対して迅速かつ適切な対処ができれば、顧客の信頼や思い入れがさらに強まり、取引の増加や再購買につながり、良い評判が口コミで広がることが期待されます。そうであれば、苦情を嫌がるよりも、苦情をひとつのチャンスととらえて、適切な対処を素早くすることが大事であり、苦情を言ってくる客こそ大切にしないといけないということになります。

ただし、ネットの時代になって、苦情を言う客の性質はずいぶん変わってきました。思い入れがあるからというよりも、むしろ積極的に「落ち度」を探し、ケチをつけることのできそうな商品や店員の態度を見つけるや、ネット上に苦情を書きこみ、悪評を拡散させることが誰もが容易にできるようになりました。このような状況においては、苦情の意図に関して、慎重な見極めが必要です。

チェックポイント

ビジネスの武器となるポイント、頭の中で整理できていますか。以下の問いに、口頭でよいので簡単に答えてみてください。自信がないときは、もう一度該当箇所を読み直しましょう。

☑オピニオンリーダーとはどのような人物なのか説明できますか

☑セグメンテーションに用いられる特性には、どのようなものがありますか

☑サイコグラフィック・セグメンテーションでは、どんな心理的特性が用いられますか

☑心理的サイフについて、具体例をあげて説明できますか

☑自社ブランドや店舗のポジショニングに用いられる軸として、どのようなものがあげられますか

☑現在志向バイアスを利用した商売として、何か具体例をあげることができますか

☑利得追求と損失回避、人間はどっちにとくにこだわるか、説明できますか

☑リレーションシップ・マーケティングとは何か、具体的に説明できますか

☑苦情処理を大事にする前提となっているリカバリー・パラドクスとは何か、説明できますか

第8章

[困った人の心理学]

ややこしい人と
うまくつきあうには

91 関係性攻撃 陰で悪い噂を流されていたことはありませんか

○根も葉もない噂が駆けめぐる

社内で昇進の条件になっている資格試験の準備勉強を頑張っていると同僚に話したら、「あの子、私たちに差をつけたいらしいよ」などと、嫌な噂を流されてるのを知って、周囲の人を刺激しちゃいけないんだなと改めて思ったという人がいます。それまでは良い関係だったのに、自分があるプロジェクトを任されてから、同僚の態度がよそよそしくなり、それだけでなく、「プロジェクトのメンバーに抜擢されたからっていい気になってる」というような噂を流され、親しい関係だと思っていたからショックだという人もいます。上司について何も言っていないのに、上司のことをバカにするようなことを言っていたと告げ口されて、上司とうまくいかなくなったという人もいます。職場には妬み心が渦巻くため、このように周囲の不信感を生じさせるような情報を事実を歪めて伝える人がいるものです。

それはプライベートでもよくあります。「あなたのこと、こんなふうに言ってたよ」などと仲間の不信感を煽る歪んだ情報を流されて困ったという話もよく聞きます。素敵なレストランに行ってあまりに感動したから、そのときの写真をアップしたら、「あなた行ったことある？ ってマウンティングされた」などと根も葉もない噂が広まっているのを知りショックを受けたという人もいます。

○妬みが関係性攻撃を生む

このような攻撃のことを関係性攻撃と言います。関係性攻撃というのは、人間関係を悪意で操作しようとすることで、悪い噂を流したり、不信感を煽るように情報をわざと歪めて流したり、仲間外れにするようなことをしたりすることを指します。SNSが発達し、多くの人がスマホでやりとりをしている現在、対面の口コミだけでなく、ネットによる関係性攻撃もそこら中で行われています。「○○さんがこんなことを言ってた。信じられない！」といった書き込みをすると、あっという間にその情報が知人の間に広まり、「そんなことを言うなんて、酷い！」「なに、それ、あり得ない！」などと同調する人が出て、根も葉もない噂が拡散していきます。

こうした関係性攻撃の背後にあるのが人を妬む心です。謂れのない攻撃を受けるのを避けるには、妬み心に極力火をつけないように気をつけるしかありません。それなのに、自分がいかに楽しい思いをしているか、充実した毎日を送っているか、豪華な生活を楽しんでいるかを得意げに発信する人がいますが、それはとても危険なことです。

92 欲求不満ー攻撃仮説 あの人がいつも攻撃的な理由がわかりますか

○攻撃性の背後には欲求不満がある

いつもは穏やかでキレるようなことのない同僚が、ちょっとからかわれただけでムキになって怒っているのをみると、何か嫌なことでもあったのかなと思うでしょう。嫌なことがあるとイライラしやすくなるというのは、だれもが経験的に知っていることです。それを理論化したのが、欲求不満ー攻撃仮説です。提唱者である心理学者ダラードたちは、目標に向けて遂行されていた行動が阻止されると欲求不満が生じ、その解消または低減のために攻撃行動が引き起こされるとしました。この仮説は、多くの実験や調査によって実証されています。

欲求不満には、生理的欲求不満と社会的欲求不満があります。たとえば、禁煙時間を設けると喫煙者にのみ攻撃行動が目立つようになることが心理学実験で確認されていますが、これは生理的欲求不満によって攻撃性が高まることを意味しています。猛暑の日にロサンゼルスの高速道路で、ひどい渋滞にイライラした何人かの大人が銃を撃ち合い始めるという事件がありましたが、それはまさに生理的欲求不満により高まった攻撃衝動の発散と言えるでしょう。人から排斥されたと思うと攻撃的になることも心理学実験により証明されていますが、嫌なことを言われたり、正当な評価をしてもらえなかったりといった社会的欲求不満が攻撃性を高めるわけです。

○心理メカニズムを理解することで気持ちがラクになる

常にイライラしている上司や横暴な取引先担当者に手を焼くことはありませんか。そのような相手は、何か欲求不満をもっているとみなすべきでしょう。暑さや禁煙など生理的欲求不満よりは、社会的欲求不満を抱えることが多いので、周囲の人間関係や生活の納得感などに目を向けると理解できるかもしれません。たとえば、イライラしがちな上司は、上役から締め付けられたり、取引先から無理な要求を突きつけられるのが常態化して、攻撃的になっているのかもしれません。横暴な取引先担当者は、思うように成果を出せないことに苛立ったり、社内で正当な評価が得られないことに不満を感じていたりするかもしれません。

攻撃的な人とかかわらなければならないのは気が重いでしょうが、「なぜそんなに攻撃的なのか」が理解できれば、気持ちに余裕ができ、こちらのイライラも和らぎます。その背景にある心理メカニズムの見当がつけば、鬱陶しくてたまらなかった相手が、かわいそうに思えてきたりもします。その意味でも、ややこしい人の心理メカニズムを理解しようとすることは大切です。

93 置き換え 嫌なことがあるとつい周囲に当たり散らしてしまうことはありませんか

○相手にぶつけられない思いを周囲の人やモノにぶつける

　職場で理不尽な人事評価を受けたり、取引先で理不尽に怒鳴られたりして、欲求不満状態にある人が、帰宅途中の車内で喋っている人に「うるさい！」と怒鳴ったり、家に帰ってからちょっとしたことで苛立って家族に怒鳴り散らしたりすることがあります。あるいは、自分に落ち度がないにもかかわらず上司からきつく叱られ、納得できないのに言い訳できる雰囲気ではなく、欲求不満になった人が、自分の席に戻ったとたんに書類の束を机の上に叩きつけたり、足下のゴミ箱を蹴飛ばしたりと、モノに当たったりすることもあります。心当たりはないでしょうか。

　このような攻撃行動では、欲求不満を起こさせた人物と何の関係もない人物やモノに対して攻撃衝動をぶつけているわけで、そこでは攻撃対象の置き換えが起こっていると言えます。電車が遅れているときに駅員を捕まえて怒鳴り散らしている人物。病院の待合室で、いつまで待たせるんだと事務職員に食ってかかる人物。本人はいつまでも待たされることが自分の怒りの理由だと思い込んでいるのでしょうが、じつは仕事や家庭で思い通りにならないことがあり、それによる欲求不満がちょっとした遅れも許せないものと感じさせているのかもしれません。

○部下に当たり散らす上司は私生活が恵まれていない？

このような攻撃対象の置き換えが起こるようなときは、欲求不満によるイライラを発散したいという攻撃的な衝動が高まっているため、認知の歪みが起こりやすいものです。そのため、普段なら気にならない言葉に挑発性を感じ取って「人をバカにするな！」と怒鳴ったり、いつもと変わらないのに「なんでこんなに散らかしてるんだ！」と文句をつけるなど、あらゆる刺激に過剰に反応しがちとなります。職場で何かと周囲に当たり散らす人は、自分が思うように活躍できないことによる欲求不満を抱えている場合もありますが、何か腹が立つことがあるのに、その相手に不満をぶつけることができないでいる可能性もあります。部下に当たり散らす上司は、じつは家庭生活が悲惨だったり、友だちがいないなど、プライベート面で恵まれていないのかもしれません。そう考えると、少しは大目に見てあげる気持ちの余裕も出てくるでしょう。あなた自身、うっかり周囲に当たり散らすことがあるようなら、自分の中の欲求不満を探るべく振り返ってみましょう。

94

敵意帰属バイアス

親切心から声をかけたのに攻撃されるのはなぜでしょう

○親切が仇になるとき

分担した仕事が終わり、帰ろうとしたら、向かいの席の同僚がまだ終わっていないようだったため、「手伝おうか」と声をかけると、「もうちょっとだから大丈夫」と言うので、そのまま帰ったら、翌日他の部署にいる友だちから、「お前、あいつと何かあったのか？　まだ終わらないのか、仕事できないな、って感じで、お前からマウンティングされたって、言い触らしてるぞ」と聞いて、唖然としたという人がいます。親切のつもりでアドバイスしたら、「いかにも自分の方が仕事ができるって感じで、上からものを言ってきた」と言われているのを知り、職場の人間関係の難しさを痛感したという人もいます。

その類のややこしい人物がどんな職場にもいるものですが、その特徴は、ふつうなら何も感じない言動にも悪意を読み取ってしまう認知の歪みにあります。同じようなことを言われても、「侮辱された」と解釈して怒り出す人もいれば、「ユーモアのあるからかい」と解釈して一緒になって笑う人もいます。相手の言動をどのように解釈するかによって、その後の反応に大きな違いが出てきます。攻撃的な人に漂う敵意は、この歪んだ解釈に起因します。

○何でも悪意に解釈する認知の歪み

他の人なら素通りするような他者の言動にも、いちいち感情的に反応する。なんでそこまでムキになるのだろう、そんなふうにひねくれた受け止め方をしなくてもいいのにと思う。そこにあるのが、何でも悪意に解釈する認知の歪みです。それがあるために、こちらには何の悪意もないのに誤解され、親切にしたつもりなのに敵意を向けられてしまうのです。

このような認知の歪みを敵意帰属バイアスといいます。たとえば、相手から何か言われたとき、そこに勝手に敵意を感じ取り、「こっちのことをバカにしてるんだ」などと悪く解釈する認知傾向です。友だちの何気ない言葉や態度にも敵意を感じ、「仲間外れにしようとしてる」「こっちのことを嫌ってる」などと悪意に満ちた解釈をして、被害感情を持ちやすいのです。

そのような人は、思い通りにならない日常生活の中で欲求不満をため込んでいることが多く、また自信がなく「バカにされるんじゃないか」といった思いが強いため、ちょっとした言動を「バカにされた」などと曲解するのです。コンプレックスを刺激しないような配慮が必要です。

95 レジリエンス なぜあんなに傷つきやすいのでしょうか

○心の中にクッションをもたない

近頃は、ちょっと注意するとひどく落ち込んだり、反発したりと、過剰に反応する若手が多くて困るといった嘆きを管理職から聞くことが多くなりました。仕事にまだ慣れないためミスが多く、そこを注意するたびに仕事が手につかないような落ち込みを示し、翌日休んだりするため、どう育てたらよいか悩んでしまうなどと言います。仕事の要領が悪い新人に、「もう少し手際よくやらないとね」と軽く言っただけなのに、非難されたように感じたのか、要領よく仕事をこなせない自分が情けないのか、いきなり泣き出してしまい、困ったという人もいます。それでパワハラ疑惑が浮上してしまうことすらあるので、管理職としては気が気でないでしょう。

良いことがあれば気分が舞い上がり、嫌なことがあれば気分が沈む。それはごく自然な心の動きであり、だれでもそうですが、そうした浮き沈みが極端に激しいのです。ふつうは良いことがあっても嫌なことがあっても、心の中のクッションによって衝撃が和らげられるため、それほど極端な反応にならないのですが、このタイプは心の中にクッションをもたないため、衝撃を和らげることができないのです。それでちょっとした衝撃にも大きく反応し、感情的になります。

○レジリエンスの低さが問題

要するにレジリエンスが低いのです。レジリエンスとは、このところ教育界でも注目されている心の性質で、復元力と訳されます。もともと物理学用語で弾力を意味しますが、心理学では回復力、立ち直る力を意味します。困難な状況にあっても、心が折れずに適応していく力。一時的に落ち込むことがあっても、すぐにそこから回復し、立ち直る力。どんなに辛い状況でも、諦めずに頑張り続けられる力。そのような逆境に対する強さを意味します。最近の若者にレジリエンスの低いタイプが多いのは、傷つかないようにほめて育てるという教育のせいで、厳しい状況に追い込まれて心が鍛えられるといった経験が乏しいためと考えられます。

レジリエンスが低いタイプが身近にいると、周囲の者としては呆れながらも励ましたり慰めたりと気をつかわなければならず、腫れ物に触るような感じになり、忙しくて余裕のないときなどは、さすがに鬱陶しくなるものですが、本人も苦しいのは事実なので、そうした心理を理解した上での対応が求められます。本人がクッションをもたない分、やんわりとした言い方で接するなど、周囲がクッションを挟み込む工夫が必要です。

96

メサイア・コンプレックス

なぜ独りよがりの正義感を振りかざすのでしょうか

○何かと「それはおかしい」と騒ぎ出す「正義のヒーロー」

職場の慣習、規則、社内の制度など、ちょっとでもおかしいと思うことがあると黙っていられない人がいます。「あのやり方はよくない」「あの制度はおかしい」「この組織は腐ってる」などと憤りを見せます。周囲の人たちが、「そこまで目くじら立てるほどのことでもないんじゃないの」と取りなそうとしても、勢いは止まりません。このような人がいると、会議はしょっちゅう紛糾するし、雰囲気が荒れるため、いちいち事を荒立てるような言い方をしなくてもいいのにと、周囲はうんざりします。でも、本人は事なかれ主義で見過ごすのは間違っていると信じており、みんなが言いにくいこともはっきり主張する必要があると、使命感すら感じています。おかしいことがあっても見て見ぬフリをする保身的な人が多いなかで、言うべきことをきちんと主張する自分は「正義のヒーロー」なのだといった意識さえ抱いていたりします。自己陶酔しているため、冷静に現実を見ることができず、一方的な正義感を振りかざし、自分の言い分が通じないと、「どうしてこんな当たり前のことがわからないのだ」と相手を攻撃することになりがちです。

○日常の不充足感が歪んだ正義感を生み出す

なぜそこまで「正義のヒーロー」を気取る必要があるのでしょうか。そこに潜んでいるのが劣等コンプレックスの一変種、メサイア・コンプレックスです。コンプレックスというのは、無意識のうちに人の思考、感情や行動に影響を与えているもので、この場合は「自分は救世主である」といった思いを無意識のうちに抱えているかのように、必要以上に他人を救いたがります。心理学者の河合隼雄は、メサイア・コンプレックスに動かされている人は、他人を救いたがる傾向が強く、不必要に助けようとしたり、同情したりするので、とにかく「ありがた迷惑」という言葉がピッタリとあてはまると言いますが、本人は他人のために動いているつもりでも、心の深層には劣等感と歪んだ優越感が複雑に絡み合い、うごめいているのです。

自分が仕事で有能さを発揮していなかったり、周囲にうまく溶け込めず不適応感をもっていたりして、劣等感を無意識のうちに抱えており、その劣等感を振り払おうとするかのように、「正義のヒーロー」気取りで自分が思う悪を叩くわけです。それによって自分の有能さを確認したいという思いも潜んでいると考えられます。そのあたりを理解してうまく接していきたいものです。

97 シャーデンフロイデ ゴシップを興奮気味に語る人の心理とは

○心の中に潜在する「他人の不幸を喜ぶ心理」

「あの先輩、昇進見送りになったんだって」「あいつ、彼女に振られたみたいだよ」などと、他人の不幸をニヤニヤしながらさも嬉しそうに口にする人がいます。そのような人が抱えているのがシャーデンフロイデです。他人の不幸を喜ぶ心理、いわば「人の不幸は蜜の味」という心理です。とても醜い心理なため、だれも自分がそんな心理をもっているとは認めたくないでしょう。

でも、政治家や芸能人が不祥事で追い込まれたり、失言で叩かれたりしている報道を、興奮してテレビで観たり雑誌で読んだりしている人たちの心の中には、シャーデンフロイデが潜んでいると考えられます。そのようなテレビ番組の視聴率が高かったり、そのような雑誌が売れたりするところからして、意外に多くの人がシャーデンフロイデを密かに抱えているとも考えられます。だからといって、そのような攻撃的な気持ちをたえず抱えているわけではありません。他人の不幸を喜ぶ気持ちを持っているというよりも、何かの弾みでそのような気持ちが湧いてくる瞬間があるのでしょう。どうも人間の心の深層には、意外に意地悪な心理が潜んでいるようです。

○自分が優位に立っている時こそ注意が必要

有名人を叩くとテレビの視聴率が上がり、雑誌が売れるのも、ターゲットとなる人物の社会的地位が高いからです。自分より圧倒的に優位に立っている人物が叩かれ、窮地に追い込まれていくのを見て、「いい気味だ」と溜飲を下げるのです。向こうの方がこちらより有利な立場にあると思うときに生じる妬み感情は、シャーデンフロイデが喚起されるために重要な要因と言えます。

社会的地位が高い人物というのは、有名人のような文字通り社会的地位の高い人物に限らず、自分より学歴の高い友だちや同僚、自分よりモテる友だちや同僚、社内で自分より出世している同期や活躍している同期、自分より明らかに裕福な暮らしをしているママ友や容姿容貌が魅力的でとてもかなわないママ友など、何らかの点で自分より優位に立っている身近な人物も含まれます。とくに同性に対する妬みがシャーデンフロイデに発展しやすいと言われますが、それは同性の方が比較意識が刺激されるからでしょう。

ネットで攻撃的な書き込みをする人やネット炎上した有名人について興奮気味に語る人は、シャーデンフロイデが強い可能性があり、うっかり妬みを買うとややこしいので、こちらの優位を意識させる言動がないように注意が必要です。

98 自己愛性人格障害

強烈な自己アピールにうんざりすることはありませんか

●自己愛が刺激される時代の病理

自己アピールの時代とはいうものの、同僚、ときには先輩を押し退けてまで自分の有能さをアピールする人がいます。実際、大きな受注が期待される案件をだれが担当するかを決める際に、上司が先輩を指名したら、自分の同期が「○○さんで大丈夫ですか？　僕ならうまくやる自信がありますけど」などと言い出し、その図々しさと無神経さに呆れたという人もいます。雑用はこっちに押しつけ、こっちが苦労して取引先との交渉をまとめたときもまるで自分の手柄のように上司に話す仲間がいて、なんであんなえげつないことができるのか理解不能だし、腹が立って仕方がないという人もいます。「活躍」だの「輝く」だの、やたら自己愛を刺激するメッセージが溢れる時代ゆえに、自己アピールが過剰な人、いいとこ取りをする人、自分の手柄を強調したがる人、そうした自己愛の強い人物が身近にいるはずですが、それがいきすぎており、周囲の人たちを深刻に悩ませているような場合は、自己愛性人格障害の疑いも考慮すべきでしょう。

○「自分は特別」だから平気で人を利用する

自己愛性人格障害とは、自分は特別といった意識を極端に強くもっており、自分が活躍する夢を誇大妄想的に抱いているタイプの病理です。人からほめられたい、自分には他の人よりも優れたところがある、自分はこんなところに埋もれている人間じゃないといった意識は、多くの人の心の中に多かれ少なかれ潜んでいるものですが、そうした意識が極端に強く、誇大妄想的に膨れあがった場合が自己愛性人格障害です。根拠のない自信を持つ。自分は特別といった意識が強い。賞賛を求め、ほめてくれないと機嫌を損ねる。平気で人を利用する。共感性が乏しく、人の気持ちに関心がない。自分より優れた成果を出す人や人気のある人に嫉妬する。そんな特徴をもちます。自分は特別といった意識をもつため、自分の成功のために人を利用しても平気なのです。

ただし、裏づけのある優越感をもっているわけではないため、じつは心の奥底に自信のなさを抱えており、その不安を覆い隠そうとするかのように人からの賞賛を求めます。そのため人からの評価に過敏で、持ち上げてもらえないと脆い自尊心が傷つき、攻撃的な反応を示したりします。周囲から高く評価されている人物には強い妬みによる攻撃性を示します。このタイプの人物とかかわると非常にややこしくなるので、この人格障害が疑われる場合は、注意したりせずに、適度に距離を取って身を守ることが大切です。

99 甘え型攻撃性

拗ねたり僻んだりする部下に手を焼くことはありませんか

○甘えられる相手だからこその攻撃性

攻撃性の中には、妬みによるものばかりでなく、拗ねたり僻んだり恨んだりすることによるものもあります。そのような攻撃性は、まさに思い通りにならないことによる欲求不満によって引き起こされたものといえます。そこには日本独自とされる甘えの心理が深く絡んでいます。

人事異動が希望通りにならなかったとき、上司はこちらの希望を汲み取ってうまく取り計らってくれると信じていたのに裏切られたと、上司を恨む。こちらから何も言わなくても、妻はこちらの様子から会社で大変なことがあるんだと察して、労をねぎらってくれたっていいじゃないかと、妻に対する不満を募らせる。友だちならそのくらいの協力はしてくれると思ったのに、どうして協力してくれないんだと、友だちに対して怒りに似た感情を抱く。このように、こちらの期待が裏切られたときに、甘えが通じないことによる攻撃的感情が生じがちです。それが、拗ねたり僻んだりして、相手に嫌味を言ったり無視したりといった攻撃的態度につながっていきます。

これが甘え型攻撃性です。

●甘えの阻止が被害者意識を生み出す

こんなに頑張ってるのにほめてくれない。同僚に差をつけられて傷ついているのに、励ましてくれない。このような思いが、「なんでほめてくれないんだ」「励ましてくれたっていいのに」などといった恨みがましい気持ちを生み、被害者意識を刺激するのです。そして、ひどい人間だと相手を非難したり、悪評を流したりと、攻撃性を発散することになりがちです。

お互いに依存し合い、甘えを介してつながっている日本人の人間関係では、甘えが阻止されたときに、欲求不満による攻撃性が生じます。甘えが拒絶されたことによって生じる怒り反応。それが甘え型攻撃性です。そこには、甘えと一見正反対の恨みが生じたりしますが、じつはそれらは同じ根っこから生じているのです。

期待することや要求することがあれば、それをはっきり自己主張すればよい欧米人の場合と違って、自己主張を控えて、相手が汲み取り、それに応えてくれるのを待つ日本人だからこそ、甘え型攻撃性を抱くわけです。相手がなぜ攻撃的な感情を向けてくるのかよくわからないときなどは、相手の心の中の甘えに目を向けると、解決の糸口がつかめるかもしれません。

100 サイコパス 成功している人に身勝手さを感じることがありませんか

◯極端に自分勝手で攻撃的

なんであんなに攻撃的なのだろうと不思議に思わざるを得ない人物が身近にいませんか。友だちの悪口をＳＮＳで広めようとする人。ネット上でだれかが攻撃されていると、攻撃側に加担し、傷ついている人を鞭打つような発言をする人。そうした攻撃行動には、サイコパシー傾向が関係しているとされますが、とくにアメリカで注目されているのが、極端に自分勝手で攻撃的なサイコパスという危険人物です。

心理学者ヘアによれば、サイコパスとは、異常人格の一種で、人と気持ちを分かち合ったり他人と温かな情を交わし合ったりする能力に欠け、自己中心的で、無神経で、後悔の念のない人間というイメージです。良心の抑制がきかず何でもしでかしてしまう人間で、とくに他人の痛みや苦しみを思いやる能力が欠落しています。このようなサイコパスが、北米には少なくとも２００万人もいると推定されますが、日本人は北米人と比べて攻撃性が非常に低いので、比率はかなり低いとみられています。ただし、グローバル化といって儲けがすべて、儲けた者勝ちみたいな価値観が日本にも広がりつつあり、サイコパス的な人物も目につくようになっています。

○社会的に活躍している人にも目立つサイコパス

サイコパスは反社会性人格障害に分類されます。たしかにサイコパスには犯罪を犯す者もいますが、なかには冷酷な人格でありながら、社会で活躍している人もいます。起業して成功した人たちの中には、自分勝手で、攻撃的で、他人の気持ちを配慮しないような人物も少なくありません。

ヘアは、サイコパスを見分けるためのチェックリストを示しています。感情・対人関係面では、口達者で皮相的、自己中心的で傲慢、良心の呵責や罪悪感の欠如、共感能力の欠如、ずるくてごまかしがうまい、感情が浅いといった特徴を示しがちです。社会的異常性の面では、衝動的、行動をコントロールすることが苦手、興奮がないとやっていけない、責任感の欠如、幼い頃の問題行動、成人してからの反社会的行動といった特徴を示しがちです。この中のとくに自己中心性、良心の呵責の欠如、浅い感情、ごまかすことのうまさは、根深い共感能力の欠如と密接な関係にあるとされます。他人の感情にまったく関心がなく、人の身になって考えることができないのです。こうした特徴がみられる人物とは、けっして深くかかわらないことです。

チェックポイント

ビジネスの武器となるポイント、頭の中で整理できていますか。以下の問いに、口頭でよいので簡単に答えてみてください。自信がないときは、もう一度該当箇所を読み直しましょう。

☑よくある関係性攻撃の具体例をあげられますか

☑欲求不満が攻撃行動を生む具体例をあげることができますか

☑攻撃対象の置き換えが起こっている身近な具体例をあげることができますか

☑敵意帰属バイアスについて、具体例をあげて説明できますか

☑ちょっとしたことで傷つきやすい、レジリエンスの低い人への対応では、どんなことに心がけるべきでしょうか

☑独りよがりの正義感を振りかざす人の抱えるコンプレックスを説明できますか

☑著名人の落ち度を叩く記事に盛り上がる心理を説明できますか

☑自己愛性人格障害の特徴を説明できますか

☑拗ねたり僻んだりする人の気持ちを、甘えの心理を用いて説明できますか

☑犯罪者ばかりでなく、起業家など活躍している人にもみられがちな、サイコパスの心理的特徴を説明できますか

日経文庫案内（1）

〈A〉 経済・金融

1 経済指標の読み方（上）　日本経済新聞社
2 経済指標の読み方（下）　日本経済新聞社
3 貿易の知識　小峰・村田
5 外国為替の実務　三菱UFJリサーチ&コンサルティング
6 貿易為替用語辞典　東京リサーチインターナショナル
7 外国為替の知識　国際通貨研究所
8 金融用語辞典　深尾光洋
18 リースの知識　宮内義彦
19 株価の見方　日本経済新聞社
21 株式用語辞典　日本経済新聞社
22 債券取引の知識　武内浩二
24 株式公開の知識　加藤・松野
26 EUの知識　藤井良広
32 不動産用語辞典　日本不動産研究所
35 クレジットカードの知識　水上宏明
36 環境経済入門　三橋規宏
40 損害保険の知識　玉村勝彦
42 証券投資理論入門　大村・俊野
44 証券化の知識　大橋和彦
45 入門・貿易実務　椿弘次
49 通貨を読む　滝田洋一
52 石油を読む　藤和彦
56 デイトレード入門　廣重勝彦
58 中国を知る　遊川和郎
59 株に強くなる 投資指標の読み方　日経マネー
60 信託の仕組み　井上聡
61 電子マネーがわかる　岡田仁志
62 株式先物入門　廣重勝彦
64 FX取引入門　廣重・平田
65 資源を読む　柴田明夫・丸紅経済研究所
66 PPPの知識　町田裕彦
68 アメリカを知る　実哲也
69 食料を読む　鈴木・木下
70 ETF投資入門　カン・チュンド
71 レアメタル・レアアースがわかる　西脇文男
72 再生可能エネルギーがわかる　西脇文男
73 デリバティブがわかる　可児・雪上
74 金融リスクマネジメント入門　森平爽一郎
75 クレジットの基本　水上宏明
76 世界紛争地図　日本経済新聞社
77 やさしい株式投資　日本経済新聞社
78 金融入門　日本経済新聞社
79 金利を読む　滝田洋一
80 医療・介護問題を読み解く　池上直己
81 経済を見る3つの目　伊藤元重
82 国際金融の世界　佐久間浩司
83 はじめての海外個人投資　廣重勝彦
84 はじめての投資信託　吉井崇裕
85 フィンテック　柏木亮二
86 はじめての確定拠出年金　田村正之
87 銀行激変を読み解く　廉了
88 仮想通貨とブロックチェーン　木ノ内敏久
89 シェアリングエコノミーまるわかり　野口功一
90 日本経済入門　藤井彰夫

〈B〉 経営

25 在庫管理の実際　平野裕之
28 リース取引の実際　森住祐治
33 人事管理入門　今野浩一郎
41 目標管理の手引　金津健治
42 OJTの実際　寺澤弘忠
53 ISO9000の知識　中條武志
61 サプライチェーン経営入門　藤野直明
63 クレーム対応の実際　中森・竹内
67 会社分割の進め方　中村・山田
70 製品開発の知識　延岡健太郎
74 コンプライアンスの知識　髙巖
76 人材マネジメント入門　守島基博
77 チームマネジメント　古川久敬
80 パート・契約・派遣・請負の人材活用　佐藤博樹
82 CSR入門　岡本享二
83 成功するビジネスプラン　伊藤良二

85 はじめてのプロジェクトマネジメント　近藤哲生
86 人事考課の実際　金津健治
87 TQM品質管理入門　山田　秀
88 品質管理のための統計手法　永田　靖
89 品質管理のためのカイゼン入門　山田　秀
91 職務・役割主義の人事　長谷川直紀
92 バランス・スコアカードの知識　吉川武男
93 経営用語辞典　武藤泰明
94 技術マネジメント入門　三澤一文
95 メンタルヘルス入門　島　悟
96 会社合併の進め方　玉井裕子
97 購買・調達の実際　上原　修
98 中小企業のための事業承継の進め方　松木謙一郎
99 提案営業の進め方　松丘啓司
100 EDIの知識　流通システム開発センター
102 公益法人の基礎知識　熊谷則一
103 環境経営入門　足達英一郎
104 職場のワーク・ライフ・バランス　佐藤・武石
105 企業審査入門　久保田政純
106 ブルー・オーシャン戦略を読む　安部義彦
107 パワーハラスメント　岡田・稲尾
108 スマートグリッドがわかる　本橋恵一
109 BCP〈事業継続計画〉入門　緒方・石丸
110 ビッグデータ・ビジネス　鈴木良介
111 企業戦略を考える　淺羽・須藤
112 職場のメンタルヘルス入門　難波克行
113 組織を強くする人材活用戦略　太田　肇
114 ざっくりわかる企業経営のしくみ　遠藤　功
115 マネジャーのための人材育成スキル　大久保幸夫
116 会社を強くする人材育成戦略　大久保幸夫
117 女性が活躍する会社　大久保・石原
118 新卒採用の実務　岡崎仁美
119 IRの成功戦略　佐藤淑子
120 これだけは知っておきたい マイナンバーの実務　梅屋真一郎
121 コーポレートガバナンス・コード　堀江貞之
122 IoTまるわかり　三菱総合研究所
123 成果を生む事業計画のつくり方　平井・淺羽
124 AI（人工知能）まるわかり　古明地・長谷
125 「働き方改革」まるわかり　北岡大介
126 LGBTを知る　森永貴彦
127 M&Aがわかる　知野・岡田
128 「同一労働同一賃金」はやわかり　北岡大介

〈C〉会計・税務

1 財務諸表の見方　日本経済新聞社
2 初級簿記の知識　山浦・大倉
4 会計学入門　桜井久勝
12 経営分析の知識　岩本　繁
13 Q&A経営分析の実際　川口　勉
23 原価計算の知識　加登・山本
41 管理会計入門　加登　豊
48 時価・減損会計の知識　中島康晴
49 Q&Aリースの会計・税務　井上雅彦
50 会社経理入門　佐藤裕一
51 企業結合会計の知識　関根愛子
52 退職給付会計の知識　泉本小夜子
53 会計用語辞典　片山・井上
54 内部統制の知識　町田祥弘
56 減価償却がわかる　都・手塚
57 クイズで身につく会社の数字　田中靖浩
58 これだけ財務諸表　小宮一慶
59 ビジネススクールで教える経営分析　太田康広

〈D〉法律・法務

2 ビジネス常識としての法律　堀・淵邊

3 部下をもつ人のための人事・労務の法律　安西　愈
4 人事の法律常識　安西　愈
6 取締役の法律知識　中島　茂
11 不動産の法律知識　鎌野邦樹
14 独占禁止法入門　厚谷襄児
20 リスクマネジメントの法律知識　長谷川俊明
22 環境法入門　畠山・大塚・北村
24 株主総会の進め方　中島　茂
26 個人情報保護法の知識　岡村久道
27 倒産法入門　田頭章一
28 銀行の法律知識　階・渡邉
29 債権回収の進め方　池辺吉博
30 金融商品取引法入門　黒沼悦郎
31 会社法の仕組み　近藤光男
32 信託法入門　道垣内弘人
34 労働契約の実務　浅井　隆
35 不動産登記法入門　山野目章夫
36 保険法入門　竹濵　修
37 契約書の見方・つくり方　淵邊善彦
40 労働法の基本　山川隆一
41 ビジネス法律力トレーニング　淵邊善彦
42 ベーシック会社法入門　宍戸善一
43 Q&A部下をもつ人のための労働法改正　浅井　隆
44 フェア・ディスクロージャー・ルール　大崎貞和
45 はじめての著作権法　池村　聡

〈E〉 流通・マーケティング

2 流通経済入門　徳田賢二
6 ロジスティクス入門　中田信哉
16 ブランド戦略の実際　小川孔輔
20 エリア・マーケティングの実際　米田清紀
23 マーチャンダイジングの知識　田島義博
28 広告入門　梶山　皓
30 広告用語辞典　日経広告研究所
34 セールス・プロモーションの実際　渡辺・守口
35 マーケティング活動の進め方　木村達也
36 売場づくりの知識　鈴木哲男
39 コンビニエンスストアの知識　木下安司
40 CRMの実際　古林　宏
41 マーケティング・リサーチの実際　近藤・小田
42 接客販売入門　北山節子
43 フランチャイズ・ビジネスの実際　内川昭比古
44 競合店対策の実際　鈴木哲男
46 マーケティング用語辞典　和田・日本マーケティング協会
48 小売店長の常識　木下・竹山
49 ロジスティクス用語辞典　日通総合研究所
50 サービス・マーケティング入門　山本昭二
51 顧客満足［CS］の知識　小野譲司
52 消費者行動の知識　青木幸弘
53 接客サービスのマネジメント　石原　直
54 物流がわかる　角井亮一
55 最強販売員トレーニング　北山節子
56 オムニチャネル戦略　角井亮一
57 ソーシャルメディア・マーケティング　水越康介

〈F〉 経済学・経営学

3 ミクロ経済学入門　奥野正寛
4 マクロ経済学入門　中谷　巌
7 財政学入門　入谷　純
8 国際経済学入門　浦田秀次郎
15 経済思想　八木紀一郎
16 コーポレートファイナンス入門　砂川伸幸
22 経営管理　野中郁次郎
23 経営戦略　奥村昭博
28 労働経済学入門　大竹文雄
29 ベンチャー企業　松田修一
30 経営組織　金井壽宏
31 ゲーム理論入門　武藤滋夫
33 経営学入門（上）　榊原清則
34 経営学入門（下）　榊原清則
35 金融工学　木島正明
36 経営史　安部悦生
37 経済史入門　川勝平太
38 はじめての経済学（上）　伊藤元重
39 はじめての経済学（下）　伊藤元重

40 組織デザイン　沼上　幹
51 マーケティング　恩蔵直人
52 リーダーシップ入門　金井壽宏
54 経済学用語辞典　佐和隆光
55 ポーターを読む　西谷洋介
56 コトラーを読む　酒井光雄
57 人口経済学　加藤久和
58 企業の経済学　淺羽　茂
59 日本の経営者　日本経済新聞社
60 日本の雇用と労働法　濱口桂一郎
61 行動経済学入門　多田洋介
62 仕事に役立つ経営学　日本経済新聞社
63 身近な疑問が解ける経済学　日本経済新聞社
64 競争戦略　加藤俊彦
65 マネジメントの名著を読む　日本経済新聞社
66 はじめての企業価値評価　砂川・笠原
67 リーダーシップの名著を読む　日本経済新聞社
68 戦略・マーケティングの名著を読む　日本経済新聞社
69 カリスマ経営者の名著を読む　高野研一
70 日本のマネジメントの名著を読む　日本経済新聞社
71 戦略的コーポレートファイナンス　中野　誠
72 企業変革の名著を読む　日本経済新聞社
73 プロがすすめるベストセラー経営書　日本経済新聞社

〈G〉情報・コンピュータ

10 英文電子メールの書き方　ジェームス・ラロン

〈H〉実用外国語

17 はじめてのビジネス英会話　セイン・森田
18 プレゼンテーションの英語表現　セイン／スプーン
19 ミーティングの英語表現　セイン／スプーン
20 英文契約書の書き方　山本孝夫
21 英文契約書の読み方　山本孝夫
22 ネゴシエーションの英語表現　セイン／スプーン
23 チームリーダーの英語表現　デイビッド・セイン
24 ビジネス英語ライティング・ルールズ　森田・ヘンドリックス

〈I〉ビジネス・ノウハウ

2 会議の進め方　高橋　誠
3 報告書の書き方　安田賀計
5 ビジネス文書の書き方　安田賀計
8 ビジネスマナー入門　梅島・土舘
9 発想法入門　星野　匡
10 交渉力入門　佐久間　賢
14 意思決定入門　中島　一
16 ビジネスパーソンのための書き方入門　野村正樹
18 ビジネスパーソンのための話し方入門　野村正樹
19 モチベーション入門　田尾雅夫
21 レポート・小論文の書き方　江川　純
22 問題解決手法の知識　高橋　誠
23 アンケート調査の進め方　酒井　隆
26 調査・リサーチ活動の進め方　酒井　隆
28 ロジカル・シンキング入門　茂木秀昭
29 ファシリテーション入門　堀　公俊
30 システム・シンキング入門　西村行功
31 メンタリング入門　渡辺・平田
32 コーチング入門　本間・松瀬
33 キャリアデザイン入門[I]　大久保幸夫
34 キャリアデザイン入門[II]　大久保幸夫
35 セルフ・コーチング入門　本間・松瀬
36 五感で磨くコミュニケーション　平本相武
37 EQ入門　高山　直
38 時間管理術　佐藤知一
40 ファイリング&整理術　矢次信一郎
41 ストレスマネジメント入門　島・佐藤
41 グループ・コーチング入門　本間正人
43 プレゼンに勝つ図解の技術　飯田英明
44 ワークショップ入門　堀　公俊

45 考えをまとめる・伝える図解の技術　奥村隆一
46 買ってもらえる広告・販促物のつくり方　平城圭司
47 プレゼンテーションの技術　山本御稔
48 ビジネス・ディベート　茂木秀昭
49 戦略思考トレーニング　鈴木貴博
50 戦略思考トレーニング2　鈴木貴博
51 ロジカル・ライティング　清水久三子
52 クイズで学ぶコーチング　本間正人
53 戦略的交渉入門　田村・隅田
54 戦略思考トレーニング3　鈴木貴博
55 仕事で使える心理学　榎本博明
56 言いづらいことの伝え方　本間正人
57 ビジネスマンのための国語力トレーニング　出口汪
58 数学思考トレーニング　鍵本聡
59 発想法の使い方　加藤昌治
60 企画のつくり方　原尻淳一
61 仕事で恥をかかない日本語の常識　日本経済新聞出版社
62 戦略思考トレーニング 経済クイズ王　鈴木貴博
63 モチベーションの新法則　榎本博明
64 仕事で恥をかかないビジネスマナー　岩下宣子
65 コンセンサス・ビルディング　小倉広
66 キャリアアップのための戦略論　平井孝志
67 心を強くするストレスマネジメント　榎本博明
68 営業力 100本ノック　北澤孝太郎
69 ビジネス心理学 100本ノック　榎本博明

ベーシック版

マーケティング入門　相原修
不動産入門　日本不動産研究所
日本経済入門　岡部直明
貿易入門　久保広正
経営入門　高村寿一
環境問題入門　小林・青木
流通のしくみ　井本省吾

ビジュアル版

マーケティングの基本　野口智雄
経営の基本　武藤泰明
流通の基本　小林隆一
経理の基本　片平公男
貿易・為替の基本　山田晃久
日本経済の基本　小峰隆夫
金融の基本　高月昭年
品質管理の基本　内田治
広告の基本　清水公一
IT活用の基本　内山力

マネジャーが知っておきたい経営の常識　内山力
キャッシュフロー経営の基本　前川・野寺
企業価値評価の基本　渡辺茂
IFRS［国際会計基準］の基本　飯塚・前川・有光
マーケティング戦略　野口智雄
経営分析の基本　佐藤裕一
仕事の常識&マナー　山崎紅
はじめてのコーチング　市瀬博基
ロジカル・シンキング　平井・渡部
仕事がうまくいく会話スキル　野口吉昭
使える！手帳術　舘神龍彦
ムダとり時間術　渥美由喜
ビジネスに活かす統計入門　内田・兼子・矢野
ビジネス・フレームワーク　堀公俊
アイデア発想フレームワーク　堀公俊
図でわかる会社法　柴田和史
資料作成ハンドブック　清水久三子
マーケティング・フレームワーク　原尻淳一
図でわかる経済学　川越敏司
7つの基本で身につくエクセル時短術　一木伸夫

著者略歴

榎本 博明（えのもと・ひろあき）

心理学博士。1955年東京生まれ。東京大学教育心理学科卒。東芝市場調査課勤務の後、東京都立大学大学院心理学専攻博士課程中退。川村短期大学講師、カリフォルニア大学客員研究員、大阪大学大学院助教授等を経て、現在MP人間科学研究所代表。

心理学をベースにした企業研修・教育講演を行う。

主な著書に『仕事で使える心理学』『「上から目線」の構造＜完全版＞』『かかわると面倒くさい人』など。

MP人間科学研究所　mphuman@ae.auone-net.jp

日経文庫 1399

ビジネス心理学 100本ノック

2018年9月14日　1版1刷

著者　榎本博明
発行者　金子 豊
発行所　日本経済新聞出版社
https://www.nikkeibook.com/
〒100-8066　東京都千代田区大手町1-3-7
電話：03-3270-0251（代）

装幀　next door design
組版　マーリンクレイン
印刷・製本　三松堂

 ISBN978-4-532-11399-5
Printed in Japan